FORMAR DISCÍPULOS DE CRISTO

Cómo entender la relación fundamental entre la catequesis y la evangelización

JULIANNE STANZ

EL LÍDER CATEQUÉTICO EFICAZ

Editor de la serie: Joe Paprocki, D.Min.

LOYOLAPRESS.
UN MINISTERIO JESUITA
Chicago

LOYOLA PRESS.
UN MINISTERIO JESUITA

3441 N. Ashland Avenue
Chicago, Illinois 60657
(800) 621-1008
www.loyolapress.com

Diseño de la portada: maglyvi/iStock/Thinkstock.

ISBN: 978-0-8294-4671-5
Número de Control de Biblioteca del Congreso USA: 2018937610

Impreso en los Estados Unidos de América.
18 19 20 21 22 23 24 25 26 27 Versa 10 9 8 7 6 5 4 3 2 1

Índice

Bienvenido a la serie
El líder catequético eficaz

La serie **El líder catequético eficaz** ofrece habilidades, estrategias y enfoques que asegurarán el éxito para líderes de programas parroquiales de formación en la fe. Beneficia a aquellos que trabajan con catequistas, entre ellos directores de educación religiosa, párrocos, directores diocesanos y participantes en programas de formación catequética. Mediante una combinación de teoría y práctica, esta serie

- brinda instrucciones concretas y recursos para imprimir;
- define la función del líder catequético y ofrece estrategias específicas y prácticas para el liderazgo, la colaboración y la delegación de responsabilidades;
- ofrece enfoques para el liderazgo y la catequesis en una manera más evangelizadora;
- describe las mejores prácticas para reclutar, capacitar y formar catequistas; para desarrollar una visión para la formación en la fe; para crear un consejo de asesores; para planificar y programar eventos; para establecer contactos con otros colegas; para seleccionar recursos catequéticos de calidad y para manejar los aspectos administrativos del ministerio; y
- ofrece consejos sobre cómo catequizar eficazmente teniendo en cuenta la diversidad de nuestras parroquias —un aspecto ineludible de la realidad de la Iglesia en este país—, de manera

que podamos servir respondiendo a las necesidades particulares de quienes forman la comunidad de fe.

Ya sea que te inicies como líder catequético o hayas estado sirviendo como tal por muchos años, la serie **El líder catequético eficaz** te ayudará a utilizar cada área de este ministerio para proclamar el Evangelio e invitar a las personas al discipulado.

Acerca de este libro

San Juan Pablo II nos recuerda en *Catechesi Tradendae* que la catequesis "es uno de esos momentos —¡y cuán señalado!— en el proceso total de evangelización". En otras palabras, la catequesis es una parte fundamental de la evangelización, no algo separado de ella. Por lo tanto, es sumamente importante que los líderes catequéticos reconozcan la manera más eficaz de catequizar de un modo que promueva la misión primordial de la Iglesia: evangelizar. Para alcanzar este fin, este tercer volumen de la serie **El líder catequético eficaz** explora entre otros los siguientes aspectos: un entendimiento de la evangelización desde la perspectiva católica fundamentado en las Sagradas Escrituras y la Tradición; cómo la nueva evangelización apoya e impulsa la catequesis de hoy; la naturaleza inseparable del contenido y la metodología en la catequesis; la importancia absoluta de la catequesis para adultos y mucho más.

1

¿Qué estamos haciendo?
La Iglesia existe para evangelizar

¿Por qué le tememos a la palabra *evangelización*?

¿En qué piensas cuando escuchas la palabra *evangelización*? Quizás te vengan a la memoria las personas que tocan a la puerta de tu casa o se te acercan en la calle para invitarte a leer sus publicaciones, o a asistir a sus templos. Posiblemente recuerdes cuando en tu país se hablaba de misioneros que iban a tierras lejanas. Si has pensado alguna de estas cosas sobre la evangelización, no eres el único.

La palabra *evangelizar* proviene del griego y significa "traer la Buena Nueva". Parece sencillo, ¿verdad? Y sin embargo parece que muchos católicos le temen a la palabra *evangelización* y apenas la utilizan. "¿No hay otra palabra mejor que *evangelización*?", me han preguntado muchas veces. "¿Quizás otra palabra que no asuste ni intimide tanto?". "A lo mejor podemos darle otro nombre a eso". La palabra *eso* es la clave para descubrir por qué a muchos católicos les cuesta compartir su fe con los demás: parte de esa dificultad reside en pensar en la fe en términos de "eso" en vez de pensar en términos de "quién".

A muchos de nosotros nos han tocado a la puerta personas de otras denominaciones con la intención de hablarnos sobre su fe. Michael, un amigo mío, me contó que cuando se entera de que hay personas que van de puerta en puerta en su vecindario, ¡apaga todas las luces de la casa y cierra la puerta con llave! Cuando le tocan el timbre no hace caso y, unos minutos más tarde, espía por la ventana para asegurarse de que ya no estén. Cuando le pregunté por qué no deseaba lidiar con los Testigos de Jehová, me dio tres razones:

1. No desea que lo molesten en una tarde ocupada, en la que él preferiría hacer otra cosa.

2. Piensa que el ir de puerta en puerta es un acto algo agresivo y molesto.

3. No conoce su fe católica lo suficientemente bien y no se siente cómodo para hablar de ella.

La razón número tres fue la de más peso para Michael. Sentía que no tenía las palabras correctas y que no sabría cómo responder o cómo defender su fe. Tal es el caso para muchas personas. ¡Pero nuestra fe va mucho más allá de saber todas las respuestas o poder citar versículos de las Sagradas Escrituras cuando se nos pide!

El aspecto fundamental de la evangelización consiste en fomentar una relación personal con Cristo, quien es el mismo de "ayer, hoy y por los siglos" (Hebreos 13:8). Si mi amigo pudiera compartir este sincero entendimiento de por qué su fe es importante para él, ¿quién sabe qué sorpresas le depararía un llamado a la puerta?

La identidad más profunda de la Iglesia

En su exhortación apostólica *Evangelii Nuntiandi*, el Papa Pablo VI deja muy en claro que la Iglesia "existe para evangelizar" (ES núm. 14). La evangelización es la "identidad más profunda" de la Iglesia. ¡El mandato para evangelizar proviene de Cristo mismo! Jesús nos ordenó: "Vayan y hagan discípulos entre todos los pueblos, bautícenlos consagrándolos al Padre y al Hijo y al Espíritu Santo, y enséñenles a cumplir todo lo que yo les he mandado" (Mateo 28:19–20). Jesús es el centro de la evangelización y el corazón de la catequesis. No solo compartimos el mensaje de Cristo, también compartimos su persona misma. Jesús *es* la Buena Nueva. En tu función como líder catequético, eres llamado a asegurarte de que la catequesis y la evangelización sean consideradas compañeras inseparables.

¿Por qué razón Cristo quiso que lo compartiéramos a él, y su mensaje, con el mundo? La misión de Jesús consistía en guiar a todos al Padre, Dios Padre que es nuestro Padre. Es Jesús quien cumple la labor de su Padre, la salvación de todos por medio de su sufrimiento redentor, muerte y Resurrección. Es en Jesús y por medio de él que la plenitud del plan eterno de Dios se despliega en nuestros esfuerzos catequéticos. Jesús es "el mensaje, el mensajero, el propósito del mensaje, y la consumación del mensaje" (*Directorio Nacional para la Catequesis* [Washington, DC: USCCB, 2005], 4). El atributo de bautizar con la fórmula del Padre, Hijo y Espíritu Santo incorpora a todos los cristianos en el amor trinitario. Este amor es la fuente de amor para todo aquel que elige aceptarlo.

Entonces, ¿por qué los católicos le tienen tanto miedo a la evangelización? Consideremos algunas de las razones.

Evangelización: ¡Es un concepto católico!

Existen razones importantes por las que los católicos dudan si considerarse a ellos mismos evangelizadores, y es importante conocer estas razones. En el blog *Catechist's Journey* [El viaje del catequista] en www.catechistsjourney.loyolapress.com detallo algunas razones por las cuales los católicos le temen a la evangelización. Como líder catequético hallarás las siguientes actitudes en las personas a quienes ministras.

La Iglesia inmigrante

En muchas ocasiones me han preguntado si la evangelización es realmente "para los católicos" porque muchas personas dicen no conocer a nadie (aparte de sacerdotes misioneros o religiosas en sus países) que "predique". Quizás tengan la impresión de que la evangelización es algo que hacen los protestantes, y que las personas católicas "normales", es decir, los laicos, no tenemos ni ese llamado ni esa obligación. Lo cierto es que la mayoría de los inmigrantes conocemos a personas de denominaciones evangélicas o cristianas. ¡Da la impresión de que los católicos no somos cristianos! Y conocemos a muchas personas, incluso algunas cercanas a nuestra familia, que sienten el llamado a predicar, pero no en la Iglesia católica. Aunque no tenemos ningún problema en confesar nuestra fe a quienes nos pregunten, normalmente, no salimos al encuentro de otros para evangelizar.

En los Estados Unidos el catolicismo sigue cargando con una persistente memoria histórica de católicos a quienes se los consideraba distintos y se los miraba con desconfianza por sus creencias. A fines del siglo XIX y principios del XX, los católicos que residían en zonas urbanas vivían juntos en comunidades pequeñas y muy unidas, donde la fe era parte fundamental de su vida, como es el caso de los irlandeses en el sur de Chicago o el de las comunidades polacas de Brooklyn, en Nueva York. Durante esos tiempos circulaban historias terroríficas de cómo se trataba a los inmigrantes católicos. El mensaje era claro: El catolicismo no debía verse ni escucharse en público. Este deseo de encajar es algo que ha quedado en la memoria del catolicismo de este país. Muchos siguen creyendo que la fe es algo privado, algo que no debe mencionarse en público.

Recuerdo la primera mañana que desperté en los Estados Unidos después de abandonar Irlanda en 2001, a los veintitrés años. Escuché el ruido de una cafetera en lugar del silbido familiar de la tetera con el que crecí. Fue algo que me recordó que ya no estaba en casa, sino en un lugar nuevo, diferente, y en muchos aspectos muy extraño para mí. La vida se transformó en una serie de choques culturales a medida que aprendía a adaptarme a mi nueva vida en Wisconsin. Si bien me sentí agradecida de que algo que me era familiar —nuestra fe católica— no cambiara demasiado de un país a otro, también me di cuenta de que la manera en la que cada persona ha vivido su fe católica en este país no ha sido igual para todos.

La fe como algo privado

Muchas veces separamos lo que es el culto y la devoción de lo que es la vida política y social. Aunque en nuestros hogares tengamos altares y oremos en familia, quizás no sintamos que estos aspectos tengan que traducirse en esfuerzos por la justicia o en una participación en las esferas políticas. ¿Cuántas veces has escuchado a los católicos decir: "La Iglesia no debería opinar sobre la política"? Muchos creen que la Iglesia no debería pronunciarse públicamente sobre la pobreza, sobre el mal uso de los recursos, sobre los sistemas que oprimen a otros, sobre el progreso, sobre la ciencia; la lista es interminable. ¡Esta creencia, por cierto, va en contra de lo esencial del mensaje del Evangelio! Esta dicotomía entre la fe y la vida fue mencionada por los Padres del Concilio Vaticano Segundo en *Gaudium et Spes* cuando, con mucha sabiduría, observaron lo siguiente: "El divorcio entre la fe y la vida diaria de muchos debe ser considerado como uno de los más graves errores de nuestra época" (43). Sin embargo, aunque la fe es claramente algo personal, no está predestinada a ser algo privado.

Una visión del mundo después de la Reforma

En el mundo posterior a la reforma protestante, la respuesta católica al cristianismo protestante consistió en concentrarse más en la catequesis para niños. Esto surgió de la creencia de que la Reforma podría haberse evitado si se hubiera llegado antes a los jóvenes. Las pequeñas comunidades cristianas que habían florecido desde los tiempos de la Iglesia de los primeros siglos recibieron cada vez menos atención. Fue en estas pequeñas comunidades cristianas que la fe se había compartido y transmitido de generación en generación. Y para esto fue necesario que los adultos conocieran la fe. Cuando el enfoque se desplazó de la catequesis para adultos a la catequesis orientada a los niños, toda la comunidad salió perdiendo.

En los siglos posteriores a la Reforma se empezó a usar la palabra *evangélico* en referencia a los movimientos cristianos centrados en la interpretación literal del Evangelio. Aunque para las personas de habla hispana el término significa más bien todo aquello que está de acuerdo con los valores del Evangelio de Jesús, aquí en los Estados Unidos, para muchos, el término ha tomado el sentido de la variante del cristianismo que surgió de las grandes olas de reforma y de la tendencia a avivar la religiosidad de los siglos XVIII y XIX. Los católicos han sido propensos a no enfocarse, desde el punto de vista histórico, en la fe intensa, personal y bíblica en Jesucristo como Salvador, algo que caracteriza a muchas denominaciones cristianas evangélicas ("Evangelizing Theology", *First Things* [Teología evangelizadora, Lo primero], marzo de 1996). En cambio, el catolicismo, sobre todo durante los últimos quinientos años aproximadamente, ha tendido a enfocarse en la organización, la estructura y las formulaciones dogmáticas de la Iglesia y a garantizar la validez de los sacramentos. Si bien parecería paradójico hablar de la Iglesia como "evangélica", el mismo ADN del catolicismo *es* la evangelización, un concepto que abordaremos en las páginas siguientes.

Misiones en el extranjero

En el pasado, la evangelización se concentró en aquellos que jamás habían oído hablar de Cristo y sus enseñanzas. Muchos de nosotros quizás conocimos a misioneros extranjeros que venían a enseñar la doctrina católica a nuestros países. Muchos católicos nacidos antes del Concilio Vaticano Segundo recuerdan las peticiones que se hacían para enviar dinero a las misiones en el extranjero. A lo largo del siglo pasado, la obra de la evangelización y la misión se consideraba cada vez más como el ámbito de un grupo selecto de personas, a quienes se conocía como misioneros y que en su mayoría eran sacerdotes y religiosos. A los laicos no se los consideraba misioneros, ya que les resultaba imposible abandonar su hogar y viajar a lugares lejanos, además de que ese no era su papel en la Iglesia. El mandato de Cristo ("Vayan y hagan discípulos") se fue reduciendo cada vez más a la clase profesional de personas que trabajaban para la Iglesia en lugar de incluir a la persona común que ocupaba los bancos de la parroquia.

La evangelización como proselitismo

Como decíamos anteriormente, muchos católicos asocian la palabra *evangelización* con proselitismo. El proselitismo consiste en tratar de convencer a personas de otras religiones para que se conviertan y se integren a otras denominaciones. Los católicos, aunque quisiéramos que todos pertenecieran a nuestra Iglesia, somos más tímidos cuando se trata de intentar atraer a otros. Algunos dicen que no quieren imponer sus creencias, y que quieren, sobre todo, respetar a quienes no piensan o no creen lo mismo que ellos. Otros, por influencia de nuestra educación, casi no entramos en relación con personas de otras denominaciones. Entendamos esto: ¡la evangelización no es proselitismo! Es compartir la Buena Nueva de Jesucristo, es decir, difundir quién es él y qué ha hecho por nosotros, e invitar a las personas a vivir esa relación. Se trata de dar testimonio del amor salvador de un Dios que quiere que su pueblo viva en colaboración con él y participe de su alegría. Se trata de dar un testimonio tan auténtico y convincente que quienes lo vean piensen: "¿qué es lo que tiene esta persona?" y "¿por qué vive de esta manera?". ¡Se trata de poder dar explicaciones de nuestra esperanza (1 Pedro 3:15), razones de nuestras creencias y testimonio de nuestra historia de fe!

Muchos católicos tienen miedo de evangelizar pues no quieren que se les acuse de un proselitismo agresivo. Es comprensible. Sin embargo, a estas alturas puede resultar útil hablar de lo que es y de lo que no es la evangelización para distinguir entre ambos aspectos, pues hay diferencias marcadas entre la evangelización auténtica y el proselitismo excesivo.

Qué es y qué no es la evangelización

La siguiente tabla resume lo que es y lo que no es la evangelización.

	La evangelización es:	La evangelización no es:
1.	algo que se arraiga en la persona de Jesucristo y en su Cuerpo, la Iglesia.	difundir una idea, una filosofía o una ideología.
2.	compartir nuestro entendimiento sincero de cómo nuestra vida ha sido tocada por Dios y de nuestra respuesta a su amor.	tener una respuesta meticulosa y coherente para cualquier pregunta que puedan hacernos.
3.	vivir cada día la alegría del Evangelio de modo que otros se pregunten cuál es la fuente de esa alegría.	memorizar versículos o textos de las Sagradas Escrituras para adornar nuestras conversaciones con ellos.
4.	seguir madurando en nuestro entendimiento de la fe.	depender de nuestra capacidad para repetir lo que aprendimos en décimo grado.
5.	algo que invita, manifiesta apertura y propicia el diálogo.	agresiva; tampoco busca condenar ni poner a nadie en ridículo.
6.	algo que depende de la obra del Espíritu Santo.	algo que depende de nuestro propio esfuerzo.
7.	guiar a las personas para que vean la luz de Cristo.	imponer juicios morales.

8.	animar a las personas a mirar con más profundidad y a buscar la belleza, la verdad y la bondad.	un hábil recurso de comercialización o esfuerzo de promoción.
9.	comprender que el Señor nos precede, pues estamos hechos a su imagen y semejanza. Él ya nos ha salvado.	hacer suposiciones y ser condescendientes con otros.

¿Cómo hacemos nosotros, la Iglesia, para evangelizar?

La evangelización apunta a transformar los corazones (un cambio interior) y el mundo (un cambio exterior). Con mucha frecuencia, las personas creen que la evangelización de puerta en puerta y la que se hace en las esquinas son las únicas maneras de evangelizar. Sin embargo, son muchas las maneras en las que nosotros, como católicos, podemos evangelizar. En *Evangelii Nuntiandi*, el Papa Pablo VI señala que la evangelización incluye

- catequesis
- predicación
- liturgia
- sacramentos
- piedad popular
- testimonio de la vida cristiana
- medios de comunicación social
- contacto personal

¿Evangelizar yo? ¡Estás bromeando!

Una vez me pidieron que diera una charla para un encuentro de líderes catequéticos. En este grupo había líderes catequéticos nuevos y líderes con más de treinta años de experiencia. Comencé la charla pidiendo a las personas que levantaran la mano si estaban ministrando en áreas particulares. ¿Pastoral juvenil? Muchos levantaron la mano. ¿RICA? Otros cuantos levantaron la mano. Luego pregunté si alguien participaba activamente en el ministerio de evangelización. De un salón con doscientos ministros, ¡solo dos levantaron la mano! Muy pocos de aquellos líderes catequéticos se identificaron con otra cosa que no fuera el ministerio de la catequesis. Quedaron asombrados cuando les recordé que la palabra *catequesis* viene de un vocablo griego que significa "resonar" y que cuando ellos hacían resonar la persona de Cristo y las enseñanzas de la Iglesia, ¡estaban evangelizando! Una persona comentó: "Yo jamás me vi a mí mismo participando activamente en el ministerio de la evangelización".

Cada uno de nosotros es, primero evangelizador y después catequista. Entonces ¿quién es un evangelizador? Repitan conmigo: "¡Yo!".

Características de un evangelizador eficaz

Has ingresado al liderazgo catequético en un momento de la Iglesia en el que hemos emprendido un camino que se conoce como la nueva evangelización. En el Capítulo 2 estudiaremos con más detalle la nueva evangelización. Con esa idea, consideremos algunos atributos fundamentales necesarios para ser evangelizadores eficaces.

1. **Amor y conocimiento.** Para poder vivir una vida católica plenamente madura es necesario apropiarse de la fe de manera intelectual y afectiva. Es aquí donde se unen la mente y el corazón, donde se integran el amor de Cristo y el conocimiento de Cristo. Según las palabras de santa Catalina de Siena: "al conocimiento sigue el amor".

2. **Gozo.** El Papa Francisco ha llamado a todos los seguidores de Jesús a ser un pueblo lleno del gozo de Cristo resucitado. Pocas personas, si es que existe alguna, se sienten atraídas por una comunidad cuyos miembros viven señalando con el dedo, acusando o mostrándose amargados.

3. **Audacia.** Al proclamar el Evangelio, es más que apropiada la expresión "el que arriesga, gana". La Iglesia de los primeros siglos se caracterizó por contar con discípulos valientes y audaces. Hay conversaciones con nuestros seres queridos que a menudo

pueden resultar difíciles y angustiantes, pero Cristo nos dice a cada uno de nosotros: "tengan valor: yo he vencido al mundo" (Juan 16:33). Debemos arriesgarnos para llegar a la gente si esperamos ver una Iglesia vibrante y llena de personas con diversas experiencias de vida.

4. **Paz.** En la misa escuchamos las palabras "La paz les dejo, les doy mi paz" (Juan 14:27). Está claro que necesitamos recuperar un sentido de paz en nuestro mundo y en nuestra vida. Esta es una paz que no proviene del mundo, sino solamente de nuestra fe en Cristo.

En *Evangelii Gaudium*, el Papa Francisco también menciona "ciertas actitudes que ayudan a acoger mejor el anuncio: cercanía, apertura al diálogo, paciencia, acogida cordial que no condena" (165). A medida que estudias esta lista de atributos, dedica tiempo a reflexionar sobre los atributos que posees y a descubrir cuáles debes fortalecer.

Es importante recordar que, si bien todos somos llamados a evangelizar, el Espíritu Santo es el agente real de la evangelización. Nosotros somos los instrumentos llamados a evangelizar y a ser evangelizados, pero es siempre la gracia del Espíritu Santo la que propicia la conversión.

Pero. . . ¿por dónde empiezo?

Una vez, se vio a santa Teresa de Calcuta lavando las heridas de una persona con lepra. El hedor era insoportable, sin embargo a la madre Teresa no parecía molestarle en absoluto. Le dedicó su tiempo y con dulzura y paciencia lavó las extremidades de la persona enferma. Después, la persona que la observaba le dijo: "Yo no haría eso ni por un millón de dólares". "Yo tampoco. Pero sí lo haría con gusto por Cristo", respondió ella.

Esta es la razón fundamental por la cual evangelizamos: para ser las manos, la voz y los pies de Cristo para aquel que tenemos cerca.

La evangelización busca transformar el mundo, una persona a la vez. Empieza contigo mismo, y luego sigue con quienes están más cerca de ti. Empieza con tu familia, con tus amigos. Empieza con tus catequistas y anímalos a comenzar con las personas que están más cerca de ellos: su familia, sus amigos y sus estudiantes. La evangelización sucede de manera individual, sin un plan y sin un guion que seguir. Quizás no nos resulte cómodo pensar que la evangelización sucede fuera de la parroquia, ¡pero así es y así debería ser!

Entonces, ¿dónde encaja la catequesis en todo esto?

Si la evangelización es la identidad más profunda de la Iglesia, quizás te preguntes dónde encaja la catequesis. ¡Buena pregunta! Cuando hablamos de la relación entre la evangelización y la catequesis, necesitamos recordar el viejo refrán que recomienda no "empezar la casa por el tejado". Tanto la evangelización como la catequesis se apoyan mutuamente y operan en conjunto en la vida de cada persona para llevarla a madurar en la fe. Pero una no reemplaza a la otra.

No obstante, si no se le presta atención al proceso de evangelización, la catequesis no será tan eficaz ni fructífera. Del mismo modo, si la catequesis no acompaña a la evangelización, las personas no se formarán en las enseñanzas ni en la vida de la Iglesia. También tendrán dificultades para entender lo que decimos y hacemos y por qué creemos en lo que creemos. En diversos documentos de la Iglesia la catequesis se describe como un "momento" o una etapa dentro del proceso global de la evangelización. Estudiaremos esta idea de manera más detallada en el Capítulo 5, pero veamos un anticipo.

La catequesis se construye sobre la evangelización

La catequesis, que despliega la belleza y los tesoros de la enseñanza de la Iglesia, presupone que la evangelización ya ha ocurrido. La catequesis es la "casa" que sostiene al "tejado" de la evangelización. La evangelización busca poner a las personas en contacto con Jesucristo, y la catequesis se construye sobre esta relación y la "formaliza". Hay una razón por la que san Juan Pablo II llamó a una "nueva evangelización" y no a una "nueva catequesis". Tenemos más programas, más materiales y más recursos catequéticos que nunca antes en la historia de la Iglesia. Si bien siempre debemos esforzarnos por tener una catequesis fuerte, fiel y dinámica, la catequesis no dará frutos en la vida de una persona a menos que la persona haya sido evangelizada, es decir, transformada por una relación con Cristo. Sería como darle a alguien un mapa o un GPS sin darle un punto de referencia ni decirle cuál es el destino al que debe llegar. Esa persona vagaría sin rumbo, sin un sentido de dirección o propósito. La catequesis sin evangelización simplemente no tiene sentido. Debemos presentar a las personas el "quién" antes de poder compartir el "por qué".

La catequesis es formación para la vida

La catequesis no significa simplemente educación religiosa. La educación es un componente de la iniciativa catequética, pero la catequesis surge de la evangelización. La catequesis tampoco se trata únicamente de la transmisión de doctrina o información. Si bien la formación doctrinal es necesaria, la catequesis busca alimentar a la persona de modo integral para que pueda vivir una vida de fe madura, explícita y bien constituida.

Evangeliza y conviértete en quien eres

Nos convertimos en una Iglesia evangelizadora al convertirnos en quienes estamos destinados a ser como Iglesia: el Cuerpo de Cristo. Esto refleja las palabras de san Agustín, quien nos recordó que debemos convertirnos en lo que vemos y recibir lo que somos. Todo lo que decimos y hacemos debería tener como fuente la Buena Nueva del mensaje y la persona de Jesucristo, quien desea guiarnos a casa hasta su Padre por medio del poder del Espíritu Santo. Como líderes catequéticos que servimos en este momento de la nueva evangelización, tenemos una función insustituible.

Ahora que hemos analizado lo que es la evangelización, examinemos lo que es la nueva evangelización y cuáles son los efectos que tiene en nuestro ministerio.

Resumen: tu última voluntad y testamento

"Pero recibirán la fuerza del Espíritu Santo que vendrá sobre ustedes, y serán testigos míos en Jerusalén, Judea y Samaría y hasta el confín del mundo". (Hch 1:8)

En cierto modo, las últimas palabras de Jesús son su última voluntad y testamento. Nos dice a nosotros, sus discípulos, que recibiremos poder cuando recibamos al Espíritu Santo de modo que podamos ser testigos suyos hasta el confín del mundo. Jesús deja atrás lugares específicos desde donde deberíamos comenzar: Jerusalén, Judea y Samaría. ¿Por qué estos tres lugares?

Jerusalén, como el lugar más santo y sagrado, representa nuestro hogar, o el centro de las actividades de la Iglesia como la "iglesia doméstica". Es ahí donde empezamos: en nuestro hogar y en nuestra parroquia. Después, Jesús menciona a Judea. Judea era el vecindario en donde se encontraba Jerusalén. Entonces, luego de comenzar por el hogar, somos llamados a salir a nuestros vecindarios a difundir la Buena Nueva. Por último, Jesús nos pide que vayamos a Samaría. Los judíos evitaban pasar por Samaría y consideraban a los samaritanos como marginales que no eran dignos de confianza. Jesús nos pide que salgamos de lo que nos resulta más familiar y cómodo para estar con los marginados. Como líder catequético, tu ministerio suele llevarte hacia fuera, de Jerusalén hacia Judea y Samaría, mientras te encuentras con niños y adultos de diversos orígenes, caminos de fe y culturas.

Para reflexionar y conversar

- ¿Me siento a gusto cuando me veo a mí mismo como evangelizador?
- ¿Cuáles son las áreas de la evangelización en las que tengo más dones? ¿Cuáles son mis áreas débiles?
- ¿Cómo veo ahora la relación entre la evangelización y la catequesis? ¿Qué consecuencias tiene esta visión para mi ministerio?

Madurar como líder catequético

"La Iglesia en América debe hablar cada vez más de Jesucristo, rostro humano de Dios y rostro divino del hombre", escribe san Juan Pablo II. "Este anuncio es el que realmente sacude a los hombres, despierta y transforma los ánimos, es decir, convierte. Cristo ha de ser anunciado con gozo y con fuerza, pero principalmente con el testimonio de la propia vida" (*Ecclesia in America*, #67). Como líderes catequéticos, es importante no solo que hablemos *sobre* Jesús, sino que le hablemos *a* Jesús. Muchos jóvenes viven en hogares donde no practican su fe.

Nuestro testimonio de la Buena Nueva podría ser el único Evangelio que algunos jóvenes lleguen a conocer. A medida que consideras tu ministerio, ¿qué es lo que las personas a quienes ministras "leerían" en tu vida sobre el rostro de Jesucristo?

Visita www.loyolapress.com/lce para acceder a la hoja de ejercicios.

Acción sugerida

"Invito a cada cristiano, en cualquier lugar y situación en que se encuentre, a renovar ahora mismo su encuentro personal con Jesucristo o, al menos, a tomar la decisión de dejarse encontrar por Él, de intentarlo cada día sin descanso" (Papa Francisco, *Evangelii Gaudium, La alegría del Evangelio*, #3). Existen muchas maneras de poder encontrarse con Cristo. Dedica algo de tiempo a encontrarte con Cristo cada día. Algunas sugerencias incluyen: rezar, leer las Sagradas Escrituras, realizar una obra espiritual o corporal de misericordia, o dedicar tiempo diario a rezar en la iglesia donde ministras. Reza para que Dios te ayude a reconocer encuentros inesperados con Cristo cada día.

Recursos adicionales

En español

Discípulos llamados a dar testimonio: la nueva evangelización (Washington, D.C.: Conferencia de Obispos Católicos de los Estados Unidos, 2012).

Evangelii Nuntiandi (Acerca de la evangelización en el mundo contemporáneo). Papa Pablo VI (Boston: Pauline Media, 1976).

Evangelii Gaudium: Exhortación apostólica sobre el anuncio del Evangelio en el mundo actual. Papa Francisco (Washington, D.C.: Conferencia de Obispos Católicos de los Estados Unidos, 2013).

En inglés

Go and Make Disciples: A National Plan and Strategy for Catholic Evangelization in the United States [Vayan y hagan discípulos: Plan y Estrategia Nacional para la Evangelización Católica en los Estados Unidos] (Washington, D.C.: Conferencia de Obispos Católicos de los Estados Unidos, 1992, 2002).

2

Nuevos tiempos, nuevas formas: la nueva evangelización

Evangelización: una tendencia que no es pasajera

La evangelización y la catequesis son los medios por los que la Iglesia católica transmite la fe de generación en generación. El llamado a evangelizar no es una tendencia pasajera dentro de la Iglesia, sino que ha sido parte integral de la obra de la Iglesia durante dos mil años. Puesto que la evangelización no es algo nuevo, quizás te confunda el término *nueva evangelización*. Tal vez también te preguntes qué tiene que ver con tu función como líder catequético. ¿Qué es lo "nuevo" de la nueva evangelización, y por qué la Iglesia de hoy resalta su necesidad como nunca antes?

Antes de responder a estas preguntas, quizás sea útil realizar aquí una reseña histórica de la manera en la que la evangelización ha moldeado nuestro mundo. De esta forma nos situaremos en la actualidad y podremos ver por qué la nueva evangelización se necesita con urgencia.

Las cuatro olas históricas de evangelización

En su libro *Navigating the New Evangelization* [Navegando por la nueva evangelización] (Jamaica Plain, MA: Pauline Books, 2014), el padre Raniero Cantalamessa detalla lo que él denomina las "cuatro olas de evangelización" [versión del traductor (v.d.t.)]. Identifica a los protagonistas (o personajes principales) de cada iniciativa importante de evangelización en el mundo y cómo participaron en la evangelización. Utilizando el formato de *cuándo*, *quién* y *cómo* echaremos un vistazo general a estas cuatro olas.

La primera ola de evangelización

Cuándo: entre los siglos I y III, durante los cuales se convirtieron grandes porciones del Imperio romano.

Quién: principalmente los apóstoles y después los obispos.

Cómo: las primeras décadas de esta ola de evangelización están registradas en los Hechos de los Apóstoles como respuesta a sucesos históricos concretos. La actividad misionera de los apóstoles fue impulsada por sus encuentros personales con Jesús. Ellos proclamaron al Jesús con el que vivieron, hablaron y caminaron durante tres años y por quien estaban dispuestos a morir. A partir de la mitad del siglo I, la evangelización se volvió más organizada y codificada por la comunidad cristiana local bajo la dirección del obispo como respuesta a diversas herejías, o negaciones de una o más verdades de la fe, que comenzaron a surgir en el mundo cristiano.

La segunda ola de evangelización

Cuándo: entre los siglos IV y IX, durante los cuales la fe se difundió por Europa después de las llamadas invasiones bárbaras.

Quién: los monjes.

Cómo: en el plano cultural y el intelectual, el pueblo griego y el romano consideraban inferiores a los "bárbaros", es decir, a los pueblos germanos y eslavos del norte de Europa. Poco a poco, los cristianos empezaron a ver a esos pueblos como nuevo campo misionero, sobre todo con la ayuda de san Agustín, quien los consideraba hermanos y hermanas en Cristo. El cristianismo pasó de existir dentro de un mundo culturalmente desarrollado y unificado a otro en el que no existía una cultura o cosmovisión unificadora. La rapidez y el crecimiento que caracterizaron a la Iglesia durante este tiempo fueron posibles gracias al aplomo y la disposición de avanzar más allá de lo familiar y conocido.

La tercera ola de evangelización

Cuándo: el siglo XVI, durante el cual se descubrió el "Nuevo Mundo" y sus habitantes se convirtieron al cristianismo.

Quién: los frailes de Europa, entre ellos los dominicos, los franciscanos y los jesuitas.

Cómo: en medio de la reforma protestante, era evidente que Europa se dividía en el plano institucional. El "Nuevo Mundo" era una frontera para la evangelización, que parecía presentar infinitas posibilidades. El objetivo de los misioneros durante esta época era bautizar para Cristo a tantas personas como fuera posible, y a menudo se dejaban de lado el cuidado pastoral y la inculturación en la fe. Se enfatizó la sacramentalización por encima de la evangelización.

La cuarta ola de evangelización

Esta ola se está produciendo en la época actual, a medida que la Iglesia aborda la reevangelización del occidente secular. Puesto que nosotros somos parte de este movimiento, exploremos en detalle la nueva evangelización.

¿Qué es lo "nuevo" de la nueva evangelización?

El término *nueva evangelización* fue acuñado por san Juan Pablo II cuando habló a los obispos latinoamericanos en 1983, pero fue repetido y profundizado por el Papa Benedicto XVI y el Papa Francisco. Este concepto, sin embargo, ha dejado perplejos a algunos católicos, sobre todo al considerar las palabras de san Juan Pablo II, quien dice que "la evangelización no puede ser nueva en cuanto a contenido pues su temática misma siempre es el único Evangelio dado en Jesucristo" [v.d.t.] ("The Task of the Latin American Bishops" [La tarea de los obispos latinoamericanos], 1983). Si la temática y el contenido de la evangelización no han cambiado en dos mil años, ¿por qué necesitamos una "nueva" evangelización, y qué tiene de nuevo?

Hay tres cosas que son claramente "nuevas" sobre la nueva evangelización.

1. El mundo en el que vivimos.
2. El público y los personajes principales (o protagonistas) de la nueva evangelización.
3. La manera en que debemos predicar el Evangelio, con nuevo dinamismo, nuevos métodos y nuevas expresiones.

Consideremos cada una de estas áreas por orden.

Todo un mundo nuevo

Una historia real. Como parte de una entrevista para un puesto como líder catequético, se le preguntó a un postulante: "¿Por qué necesitamos una nueva evangelización?". La persona respondió: "No lo sé. Quizás porque la vieja ya no sirve". ¡Más tarde esto me dio mucha risa!

Cuando consideramos la expansión del cristianismo católico por todo el mundo, es evidente que nosotros como Iglesia hemos tenido un destacado éxito al llevar el Evangelio a todos los continentes.

Hoy, sin embargo, nos enfrentamos a un mundo menos receptivo a la religión organizada. Vivimos en lo que se denomina una edad secular posmoderna. En su obra *La era secular* (Gedisa, Barcelona, 2014), Charles Taylor señala que hemos pasado de un tiempo en el que era virtualmente imposible no creer en Dios a uno en el que la fe, incluso para un creyente, es considerada una posibilidad de entre muchas otras. Taylor afirma que nuestro mundo se caracteriza no por la ausencia de creencias o de religión (si bien la práctica de la religión ha decaído), sino por la multiplicidad de nuevas opciones (espirituales pero no religiosas, no religiosas, antirreligiosas) por las cuales las personas tratan de darle sentido a su vida. Si bien podemos aprender de las lecciones del pasado, también debemos reconocer que vivimos en una nueva era que se caracteriza por el rápido aumento en la cantidad de personas que no tienen una identidad religiosa, que son miembros formales de comunidades de fe pero que no practican su fe o que tienen alguna conexión con su fe pero esta no es muy firme.

El público de la nueva evangelización

El *Center for Applied Research in the Apostolate* (CARA) [Centro de Investigación Aplicada en el Apostolado] y el *Pew Forum on Religion and Public Life* [Foro Pew sobre Religión y Vida Pública] ofrecieron datos valiosos sobre el rostro cambiante de la Iglesia católica. Algunos descubrimientos clave del *Pew Forum* en 2015 nos ayudan a identificar cómo está cambiando nuestro público.

- Casi un tercio de todos los estadounidenses adultos (31.7%) se crio como católico, y la mayoría se sigue identificando como católica en la actualidad.
- La edad promedio de los católicos adultos es de 49 años. En 2007 era de 45 años.
- Desde 2007 se ha producido una disminución del 3% en la cantidad de estadounidenses que se identifican como católicos.
- Casi el 13% de todos los estadounidenses fueron católicos alguna vez: personas que ya no se identifican con la fe, pese a haber crecido en la Iglesia católica.
- El 2% de los estadounidenses se ha convertido al catolicismo.

- El 16% de los mileniales se identifican como católicos, siendo la generación con la afiliación religiosa más baja en la historia del catolicismo.
- Como segmento global de la población, los católicos van disminuyendo, de 23.9% de la población adulta en 2007 a aproximadamente 20.8% en 2015.

La consecuencia más importante de estas estadísticas para ti como líder catequético y para todos los ministros pastorales es que el catolicismo ya no puede considerarse un grupo homogéneo cuyos miembros tienen en común todas las enseñanzas de la Iglesia católica. Cuando las personas dicen que son católicas, lo que pensamos que quieren decir puede ser completamente distinto de lo que realmente quieren decir. En su libro *Formación de discípulos intencionales* (Our Sunday Visitor, 2015) Sherry Weddell nos insta a nunca aceptar una etiqueta en lugar de una historia. Cuando alguien dice que es católico, esto puede significar que esta persona asiste a misa todos los días o una vez al mes o solo en la Navidad o la Pascua. Para otras personas puede significar que ya no van a misa pero que todavía desean casarse por la Iglesia o bautizar a su hijo. ¡Ya no podemos suponer que las creencias y prácticas católicas se expresan de la manera en la que solían expresarse!

Pensemos en un grupo de personas del cual se ha escrito mucho, ese que conforman las llamadas personas "sin afiliación" o *ninguna*, porque indican "ninguna" cuando se les pide que identifiquen su afiliación religiosa. Este segmento actualmente está constituido por una de cada cinco personas de la población general, y representa una cifra demográfica en aumento. Erróneamente, suponemos que estos individuos han tomado una decisión firme acerca de la fe, pero nada puede estar más lejos de la realidad. "Sin afiliación" no es lo mismo que "sin creencia", si la investigación del *Pew Forum* de 2012 sirve de parámetro. Por ejemplo, el 94% de las personas sin afiliación cree en Dios, ¡y el 49% de ellas cree en un Dios personal! Esto no es todo: el 30% son miembros formales de comunidades religiosas. Esto significa que, en nuestras parroquias, es muy probable que estos individuos que se describirían a sí mismos como personas "sin afiliación" estén sentados al lado de los que van a misa cada semana y junto a otros que asisten con frecuencia. "Sin afiliación" no significa "no ser receptivos a la nueva evangelización".

En virtud de nuestro bautismo, tenemos el deber y la obligación de proclamar el Evangelio. Con esto en mente, el Papa Francisco y sus predecesores han identificado las siguientes tres clases de destinatarios de la nueva evangelización:

- nosotros mismos
- los indiferentes o los que han rechazado el Evangelio
- los que nunca han oído nada sobre el Evangelio

- **Nosotros mismos: ¡primero, lo primero!**
  Durante un encuentro de la Conferencia de Obispos Católicos de los Estados Unidos realizada en 2012, el Cardenal Timothy Dolan desafió a los obispos con estas palabras: "Primero, lo primero. [. . .] No podemos atraer a la cultura mientras no dejemos que [Jesús] nos atraiga primero; no podemos dialogar con otros si no dialogamos primero con él; no podemos desafiar a menos que le permitamos a él desafiarnos primero". La nueva evangelización comienza en cada uno de nosotros, con nuestra conversión y con la conversión continua a Jesucristo. No podemos guiar a otros hacia Jesús mientras nosotros mismos no hayamos acudido a él. No deberíamos evangelizar a otros a menos que nosotros hayamos sido evangelizados antes, y no podemos discipular a otros con eficacia mientras nosotros mismos no seamos discípulos. Independientemente de nuestra vocación, función en la vida o ministerio, cada uno de nosotros es llamado a la santidad y a la madurez en la fe católica.

- **Los indiferentes o los que han rechazado el Evangelio**
San Juan Pablo II escribe: "Con niveles de asistencia a misa
rondando el 30% en muchas diócesis, es evidente que la gran
mayoría de los católicos no practican la expresión externa de su
fe. Vivimos en una época en la que grupos enteros de bautizados
han perdido el sentido vivo de la fe o incluso no se reconocen ya
como miembros de la Iglesia, llevando una existencia alejada de
Cristo y de su Evangelio. En este caso es necesaria una 'nueva
evangelización' o 'reevangelización'" (*Redemptoris Missio*, #33).
¡Qué palabras más proféticas!

En la actualidad, el campo misionero ha pasado del extranjero
al lugar donde vivimos mientras "volvemos a proponer" a Jesús a
aquellos que han escuchado la proclamación básica de la vida,
muerte y Resurrección de Cristo, pero creen erróneamente que
esto no tiene nada de valor que ofrecerles. Las parroquias
informan que los servicios del Domingo de Pascua y la misa de
Navidad son las celebraciones más concurridas del año. Como
ministros, tenemos una larga letanía de términos para describir a
los católicos que solo asisten a la iglesia en celebraciones como la
Pascua y la Navidad, el Domingo de Ramos o el Miércoles de
Ceniza. Para quienes asisten a misa en otras circunstancias
existen otras denominaciones, como "católicos *light*" (porque
tratan su fe de modo que les permita adaptarse al mundo
moderno); "católicos de bodas, bautizos y comuniones";
"católicos a la carta" (porque eligen qué partes de la doctrina se
ajusta a ellos), que sirven para referirse a un complejo grupo
demográfico que no es en absoluto homogéneo. Este grupo
puede incluir a nuestro cónyuge, nuestros hijos, nuestros nietos o
nuestros amigos más cercanos. Quizás se hayan distanciado de la
Iglesia por cuestiones personales específicas o simplemente
alejado de la práctica regular su fe. Todos estos grupos

constituyen un campo misionero maduro para quienes se encuentran en el ministerio.

- **"Hasta el confín del mundo"**

  No podemos olvidar que la evangelización debe encargarse de predicar el Evangelio a quienes no conocen a Jesucristo. Este público destinatario de la nueva evangelización constituyó la mayor parte de la obra misionera en el pasado. Somos un pueblo peregrino y una Iglesia peregrina. Jesús nos llama a ser testigos de la fe "hasta el confín del mundo" (Hechos 1:8), y a menudo este territorio misionero se ha conocido como misión *ad gentes* (es decir, "a las naciones"). Todas las personas tienen derecho a escuchar y recibir el Evangelio. Como un desafío, el Papa Francisco nos recuerda que: "Los cristianos tienen el deber de anunciarlo [el Evangelio] sin excluir a nadie" (*Evangelii Gaudium*, #14).

Nuevos tiempos, nuevas formas

Una vez visité una parroquia que tenía dificultades con su ministerio de jóvenes y buscaba algunas perspectivas útiles. A la mitad de la reunión, pregunté sobre los materiales catequéticos que estaban utilizando, ya que habían señalado que los jóvenes se aburrían. Mencionaron un recurso que yo no conocía, así que pregunté si podía verlo. Con razón no lo conocía: ¡había sido desarrollado hacía casi cuarenta años!

¡Si deseamos que nuestro pueblo pase de un compromiso mínimo a arder por su fe, debemos ser audaces, debemos ser creativos y debemos arriesgarnos! Es necesario un énfasis renovado en la misión evangelizadora de la Iglesia para adaptar el mensaje a las personas. Utilizando la expresión "nueva en su ardor, en sus métodos, en su expresión", acuñada por san Juan Pablo II, la Iglesia busca atraer y volver a atraer a la cultura haciendo uso de todos los medios a nuestro alcance, entre ellos el desarrollo de relaciones, la formación, los retiros, las clases, las nuevas tecnologías y las tecnologías emergentes, como los medios sociales y las estrategias ministeriales digitales.

Examinemos con más detalle el nuevo ardor, los nuevos métodos y las nuevas expresiones, así como lo que cada una de estas ideas significa para ti como líder catequético.

Un nuevo ardor: ¡Dios no ha muerto!

En una de mis clases de filosofía de la universidad se generó un debate en torno a la famosa afirmación de Nietzsche: "Dios ha muerto". Nietzsche afirmaba que Dios ha muerto porque nosotros los cristianos lo hemos matado. Si profesamos nuestra creencia en Dios, ¿no debería nuestra vida dar testimonio de esa creencia? Lejos de proponerse comprobar si Dios existe o no, Nietzsche nos recuerda a los cristianos que cuando afirmamos ser cristianos pero vivimos nuestra vida sin ninguna referencia a Dios, damos la impresión de no tener a Dios vivo en nosotros. Si bien esta afirmación puede sonar muy dura, Nietzsche presenta un buen argumento. Dios mismo nos dice que él "no es Dios de muertos, sino de vivos, porque para él todos viven" (Lucas 20:38).

Pero muchos hoy en día han perdido una conexión viva con un Dios amoroso y real, un Dios personal. Una investigación realizada por el Pew en 2008 muestra que "solamente un 40% de los católicos de entre 18 y 29 años encuestados dice estar seguro de que es posible tener una relación personal con Dios y solo el 34% de ellos asiste a misa semanalmente" (*Formación de discípulos intencionales*, 27).

Hoy en día existen muchas personas que jamás han leído las Sagradas Escrituras ni tenido un encuentro con Cristo mediante la belleza de la misa. Pero como católicos que nos sumergimos en la Palabra, somos llamados a *ser* los Evangelios para el mundo. Las Sagradas Escrituras deben magnificarse en nuestra vida de tal manera que toda persona que conozcamos pueda encontrar el amor de Cristo en *quienes* somos. Nuestros ministerios deben caracterizarse por un nuevo fervor y entusiasmo de modo que la evangelización pueda dar fruto. Ya no podemos seguir sentados y esperar a que las personas toquen a las puertas de nuestras parroquias. Más bien, debemos ir a su encuentro como misioneros de Cristo.

Nuevos métodos: es un "asunto real"

Como a muchas niñas pequeñas, a mi hija le encanta disfrazarse de sus personajes favoritos, muchos de los cuales son princesas. Pasa horas jugando en su cuarto, probándose los diversos trajes de las diferentes princesas y cuenta con una selección de varitas mágicas, coronas, vestidos y zapatos que ha recibido de regalo. Aunque apreciamos esta etapa de su vida, mi marido y yo tenemos cuidado de moldear la cultura de nuestro hogar y no dejar que los medios de comunicación lo hagan por nosotros. Sin embargo, un día, mientras leía sobre la vida de los santos, me impresionaron los paralelos que existen entre algunos de los personajes de las princesas que mi hija interpretaba y algunos de los santos en la Iglesia católica. Por ejemplo santa Catalina de Alejandría fue muy conocida por su amor al aprendizaje y sus numerosos libros. Similar al personaje de una princesa popular, ayudó a los pobres y enseñó a muchas mujeres a leer. Santa Brígida de Irlanda fue conocida por su espíritu entusiasta, su determinación y su naturaleza acogedora, no muy distinta de un personaje de rojos cabellos que mi hija admiraba. Una idea soñada empezó a cobrar forma.

Trabajando con un equipo de mujeres jóvenes, organizamos un día para que niñas pequeñas aprendieran sobre las virtudes de las santas que fueron reinas o princesas, entre ellas santa Catalina, santa Brígida, santa Kateri Tekakwitha y santa Isabel de Hungría. Concentramos nuestros esfuerzos de promoción en un sector demográfico difícil de atraer a la Iglesia católica, padres de familia jóvenes con niños pequeños. Promocionamos el evento extensamente en redes sociales como Facebook y Twitter. A pesar de algunos comentarios que consideraban esta idea osada, la jornada fue un gran éxito. No solo se agotaron las entradas, sino que también tuvimos una lista de espera de niñas que querían participar.

Las niñas que asistieron con un adulto disfrutaron de un día de música, baile, aprendizaje, narración y manualidades. En lugar de aprender sobre personajes populares de princesas, aprendieron acerca de las virtudes y los valores de las santas. Durante el día, visitaron diferentes "reinos", o estaciones, donde conocieron a cada personaje y aprendieron lo que significa ser una verdadera reina o princesa, pero, más importante todavía, lo que significa ser santa. Al final del día, cada niña participó en un servicio de oración con su acompañante y pasó al frente para recibir una bendición del obispo de la Diócesis de Green Bay, quien coronó a cada niña como "Hija del Rey". El Rey, por supuesto, es Jesucristo.

Muchas personas de la iglesia se mostraron escépticas ante la idea. Pero aprendimos lecciones importantes sobre cómo llegar a las personas. El primer paso es dar el primer paso: salir de nuestras oficinas e ir a donde están las personas, y eso incluye aprovechar los medios sociales valiéndose de estrategias inteligentes. También debemos ser ágiles y flexibles al emplear nuevas metodologías para que las personas participen. Solemos evitar ser creativos y correr riesgos por temor al fracaso. Es más fácil ir a lo seguro. Pero cuando consideras las experiencias de la Iglesia de los primeros siglos, particularmente a san Pablo, quien fue encarcelado, naufragó y fue golpeado, concluyes que salir de nuestro elemento es fundamental si tenemos la esperanza de llegar a las personas. La idea de disfrazarme de princesa no me entusiasmaba en lo personal, pero eso cambió al ver las miradas de alegría en el rostro de cada niña que se acercaba a saludar y tomarse una foto. Después del evento, pensé en otras maneras en las que podríamos llegar a más niños y a sus padres. Por ejemplo, podríamos organizar un evento para niños, que se enfoque en caballeros, reyes y príncipes de la Tradición católica e invitar a los Caballeros de Colón a ayudar con el evento. Las posibilidades son infinitas.

Nuevas expresiones: ¡los tiempos están cambiando!

Cada generación encuentra nuevas formas de expresarse. Cambia cómo nos vestimos, lo que escuchamos y cómo nos relacionamos unos con otros. Pensemos en que no hace mucho tiempo no existían las redes sociales; sin embargo, hoy en día muchas personas se relacionan de manera virtual pero nunca llegan a conocerse en persona. La tecnología ha cambiado, textualmente, la expresión de nuestras relaciones. En el pasado, las relaciones solían hacerse públicas cuando alguien invitaba a salir a otra persona y ambas familias se enteraban de la relación. Y, por supuesto, la expresión más pública de una relación es el testimonio público del matrimonio. Sin embargo, en la actualidad, una de las expresiones más públicas de una relación consiste en ¡cambiar el estado de relación en Facebook!

Si no utilizamos nuevas expresiones del catolicismo, se nos considerará fuera de sintonía con la vida actual. El Papa Pablo VI nos recuerda que "la evangelización pierde mucho de su fuerza y de su eficacia, si no toma en consideración al pueblo concreto al que se dirige, si no utiliza su 'lengua', sus signos y símbolos, si no responde a las cuestiones que plantea, no llega a su vida concreta" (*Evangelii Nuntiandi*, #63). Si bien todo el mensaje del Evangelio representa una armonía, se han realizado esfuerzos cada vez mayores para resaltar una variedad más amplia de cuestiones como las siguientes:

- el cuidado de la Tierra
- el racismo
- salarios justos y condiciones igualitarias de trabajo
- los efectos del pecado en las estructuras sociales y la opresión

- la interrelación de las cuestiones de la vida, entre ellas el aborto, la eutanasia, la pena de muerte, la adicción a las drogas, la inmigración y el tráfico de personas

Al abordar estas cuestiones podemos expresar el Evangelio de manera eficaz en un mundo cambiante.

Además, el gran surgimiento de movimientos eclesiales nuevos y tradicionales, y de apostolados, como FOCUS (*Fellowship of Catholic University Students* [Comunidad de Estudiantes Universitarios Católicos]), TEC (*Teens Encounter Christ* [Adolescentes Encuentran a Cristo]) y CRHP (*Christ Renews His Parish* [Cristo Renueva Su Parroquia]) es señal de que el Espíritu Santo se mueve dentro de la Iglesia católica de maneras fascinantes. La revitalización de pequeñas comunidades cristianas a partir del Concilio Vaticano Segundo es otra buena señal de que la nueva evangelización se está adaptando a las necesidades de nuestras comunidades.

La expresión de nuestra catequesis también está cambiando. En lugar de concentrarse exclusivamente en la memorización de fórmulas doctrinales, los catequistas y los líderes catequéticos exploran una variedad más amplia de metodologías creativas (como el uso de teléfonos celulares y tabletas electrónicas para acceder a información de sitios católicos digitales confiables) con el fin de promover la participación eficaz de los alumnos en el Evangelio. Nuestro mundo ha cambiado, y nuestros jóvenes buscan estas nuevas expresiones de fe para poder salvar la brecha entre la fe y la vida diaria. Y sin embargo, en muchas parroquias, catequizamos a nuestros niños de la misma manera que lo hemos hecho durante los últimos cincuenta años. Puede que nuestros libros sean distintos, que tengan más detalles y más información adicional. No obstante, muy a menudo seguimos usando metodologías que no toman en cuenta las necesidades de aprendizaje de los jóvenes de hoy. La actividad para imprimir de este capítulo ofrece algunas perspectivas y herramientas que te ayudarán a mantener un nuevo fervor, a encontrar nuevos métodos y nuevas expresiones en el corazón de tu ministerio.

Resumen: Evangelio a la orden

Así nos lo ha ordenado el Señor: "Te hago luz de las naciones, para que mi salvación alcance hasta el confín de la tierra". (Hch 13:47)

La Buena Nueva tiene algo para todos, sin importar raza, origen, educación ni etnia. El Evangelio es portátil, adaptable y puede compartirse. Tiene la capacidad de atraer a los pueblos indígenas de Papúa Nueva Guinea y a los mileniales solteros de Tokio. Durante dos mil años, el mensaje y la persona de Cristo han hablado a personas de todo el mundo. Observa el lenguaje que se utiliza en el pasaje de las Sagradas Escrituras mencionado más arriba. Dios no nos pide ni nos sugiere que seamos luz para el mundo, sino que nos implora que seamos luz. Sabe que podemos hacerlo si mantenemos encendida la lámpara del amor en nuestro corazón. ¡No son tiempos de quedarnos al margen ni de ser tímidos! El momento de la nueva evangelización es ahora; es nuestro momento de brillar y de ayudar a otros a brillar para Cristo. Como líderes catequéticos, se nos ordena ser luces que brillan intensamente para que todos las vean.

Para reflexionar y conversar

- ¿Qué cosas consideras como tu contribución "nueva" y fundamental a la nueva evangelización?
- ¿Qué nuevas expresiones del catolicismo han surgido a través de tu ministerio?
- ¿Qué características consideras esenciales para las personas que evangelizan?

Madurar como líder catequético

"La nueva evangelización es obra de toda la Iglesia: laicos, ordenados y consagrados. Se trata de amigos, familiares y colaboradores que se acercan a otros y proclaman la verdad de Cristo utilizando todos los medios disponibles: una conversación, un testimonio personal, medios de comunicación y la amplia gama de riquezas intelectuales y espirituales que la Iglesia ha recopilado en sus dos mil años de historia" [v.d.t.] (*Evange-*

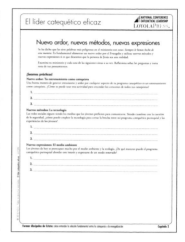

lizing Catholics: A Mission Manual for the New Evangelization [Evangelizando católicos: un manual misionero para la nueva evangelización] Scott Hahn [Huntington, IN: Our Sunday Visitor, 2014] 13). Como líderes catequéticos es importante relacionarnos con personas más allá de las paredes de nuestra oficina, recurriendo a todos los medios a nuestro alcance, ya sea en línea o en persona. ¿Qué medios utilizas habitualmente para compartir el Evangelio? ¿Cómo puedes llegar más allá de lo que te es familiar y cómodo? ¿Cómo puedes incrementar tu comprensión de las nuevas perspectivas, nuevas tecnologías y nuevas realidades pastorales emergentes?

Visita www.loyolapress.com/lce para acceder a la hoja de ejercicios.

Acción sugerida

"Los esfuerzos de la nueva evangelización enfrentan dos peligros: uno de ellos es la inercia, la pereza, el no hacer nada y dejar que otros lo hagan todo; el otro es empeñarse en demasiadas actividades humanas que en última instancia resultan vacías" [v.d.t.] (*Navigating the New*

Evangelization [Navegando por la nueva evangelización] Raniero Cantalamessa, OFM Cap [Jamaica Plain, MA: Pauline Books, 2014], 24). Mira tu calendario y revisa la cantidad de actividades, reuniones y eventos. Ahora cuenta las reuniones individuales que tienes programadas con personas que desean crecer en la fe y buscan tu ayuda. ¿Ves alguna diferencia? ¿Qué medidas puedes tomar para corregir cualquier desajuste?

Recursos adicionales

En español

La evangelización de los católicos. Scott Hahn (Salamanca: Palabra Ediciones, 2015).

La parroquia de la Nueva Evangelización. José Galiana Guerrero (Salamanca, España: Editorial Monte Carmelo, 2017).

Una evangelización nueva para la transmisión de la fe. VVAA (Barcelona: Publicaciones Claretianas, 2013).

En inglés

Jesus the Evangelist: A Gospel Guide to the New Evangelization [Jesús el Evangelista: una guía según los Evangelios para la nueva evangelización]. Allan F. Wright (Cincinnati, OH: Franciscan Media, 2013).

Living as Missionary Disciples: A Resource for Evangelization [Vivir como discípulos misioneros: un recurso para la nueva evangelización] (Washington, D.C.: Conferencia de Obispos Católicos de los Estados Unidos, 2017).

New Evangelization: Passing on the Catholic Faith Today [La nueva evangelización: transmitiendo la fe católica en la actualidad] Cardenal Donald W. Wuerl (Huntington, IN: Our Sunday Visitor, 2013). (Edición en español: Our Sunday Visitor, 2015).

Recursos para la nueva evangelización: La Conferencia de Obispos
Católicos de los Estados Unidos cuenta con una serie de
excelentes folletos sobre diversos aspectos de la nueva
evangelización, entre ellos el ministerio familiar y el ministerio
catequético. Visita www.usccb.org/beliefs-and-teachings/
how-we-teach/new-evangelization/toolkit/.

The National Conference for Catechetical Leadership [Conferencia
nacional de líderes catequéticos]. Visita www.nccl.org

3

El kerigma, "quién", "qué" y "por qué": lo que creemos sobre Jesús y su Iglesia

La Buena Nueva es eso: ¡una BUENA Nueva!

Recuerdo el día en el que mi hermana me contó que esperaba su primer bebé. La abracé y la apreté tan fuerte que casi no podía respirar. Mi hermana tendría un bebé, ¡y yo me convertiría en tía! ¡Grítalo a los cuatro vientos! Una vez que ella dio permiso para compartir la noticia públicamente, no podía esperar a contarles a todos mis amigos. Y eso es exactamente lo que hice: se lo conté a todos mis amigos, a algunos de ellos dos o tres veces, ya que no podía contener mi felicidad por ese bebé.

Todos los domingos en la misa tenemos la oportunidad de escuchar sobre la Buena Nueva. ¿Y cómo respondemos a esta Buena Nueva? Practiquemos. El sacerdote o diácono dice: "Palabra del Señor", y nosotros respondemos: "Gloria a ti, Señor Jesús". Muy bien. Ahora, quiero que pienses en la *manera* en la que respondemos "Gloria a ti, Señor Jesús". ¿Escuchas cómo suena? ¿Escuchas esa tibia, vaga y superficial respuesta que damos los católicos?

En los Evangelios, escuchamos una *Buena* Nueva. Eso es, una Buena Nueva. ¡No conozco a nadie que responda a una buena nueva con un murmullo somnoliento y un bostezo! ¡Los Chicago Cubs ganan la

Serie Mundial! ¡Tu amigo aprueba un examen importante! ¡Tu cónyuge recibe un resultado médico favorable! ¿Sientes el entusiasmo? ¿La alegría? ¿El deseo de salir corriendo a compartir tu buena nueva con todo el mundo? Sí, estas son respuestas naturales que deberían ocurrir cuando escuchamos buenas nuevas.

La Buena Nueva es una buena nueva por una razón. Cuando escuchamos la Palabra de Dios y decimos: "Gloria a ti, Señor Jesús", deberíamos estar llenos de un gozo tan contagioso que debería afectar e involucrar a los demás. En su libro *Bajo la influencia de Jesús* (Chicago: Loyola Press, 2014), Joe Paprocki nos recuerda que "en última instancia, el objetivo del discipulado es el contagio: 'infectar' a otros con las Buenas Nuevas mediante nuestras palabras y acciones" (139). Esta proclamación de la Buena Nueva (o, para utilizar un término proveniente del griego, *kerigma*) debe ubicarse en el centro de la evangelización y la catequesis e insertarse en todos y cada uno de los acontecimientos, vivencias y ministerios de la parroquia. En todos y cada uno de ellos.

Entonces, ¿por dónde comenzamos? Comenzamos con la persona de Jesús: el "quién", "qué" y "porqué" de nuestros esfuerzos catequéticos.

Jesús: no lo que enseña la Iglesia, sino quien da vida a la Iglesia

"Pero ¿cómo sabemos que Jesús fue una persona real y no solo un invento?". Eso es lo que preguntó John, uno de mis alumnos de décimo grado. "Conozco lo que dice la Biblia, pero ¿hay alguna otra prueba?". A los catequistas suelen hacernos este tipo de preguntas y tomarnos por sorpresa. Cuando nos toca una pregunta así, nos vemos tentados a ofrecer una respuesta habitual como: "Bueno, la Iglesia católica nos enseña que Jesús es el Hijo único amado de Dios, nuestro Padre". Si bien esto es cierto, es difícil que este enfoque sacie el hambre que hay detrás de esta pregunta.

"¿Morirías por algo en lo que no crees?", le pregunté a mi clase de décimo grado aquella tarde. Nadie dijo que lo haría. Cuando un ser amado muere, llevamos a esa persona en el corazón y le damos vida con nuestras palabras al compartir nuestros recuerdos con otros. "Así que imaginen", le dije a mi clase, "que están presentes en el momento justo en el que su amigo muere. Que son testigos oculares del asesinato de un ser querido. Después, corren a contar a los demás sobre la vida, muerte y, por más que suene increíble, la resurrección de ese amigo. Ellos los miran como si hubieran enloquecido. Y un día, los arrestan y condenan a muerte porque le han estado contando a todo el mundo sobre ese amigo, un amigo al que conocieron personalmente. ¿Tendrían el valor de dar la vida por esa verdad, o mentirían y vivirían el resto de sus días llenos de amargura y remordimiento?".

Los apóstoles enfrentaron la opción de vivir el mensaje de Jesús cada día y de darle vida para otros, o de negarlo y vivir una mentira. Cuando les comparto a mis estudiantes que, con excepción de uno, todos los apóstoles sufrieron una muerte violenta (fueron decapitados, apedreados, crucificados y, en el caso de Pedro, crucificado de cabeza), me miran con asombro. ¿Por qué los apóstoles prefirieron el martirio por Jesús en lugar de negarlo? Hubiera sido más fácil desconocer a Jesús y negar lo que habían visto. Lo hicieron porque, como respondió uno de mis estudiantes, "Jesús es realmente el camino, la verdad y la vida", tal como lo dice Juan 14:6. ¡Bingo! Esta fue una lección que ni yo ni mis estudiantes olvidaremos jamás.

El Jesús que se les presenta a los jóvenes y el Jesús de los Evangelios pueden ser muy distintos. Jesús era radical. Predicó un mensaje radical. Vivió una vida radical. Hizo afirmaciones radicales sobre sí mismo y sobre su Padre en el cielo. Este es el Jesús con el que se debe desafiar a los jóvenes y con el que se los debe consolar.

En una conferencia en Norfolk, Virginia, en 2014, el Padre Raniero, predicador de la Casa Pontificia, nos recordó que "las personas no aceptarán a Jesús en base a la palabra de la Iglesia, pero sí aceptarán a la Iglesia en base a la palabra de Jesús". Comenzar por el "quién" de Jesús en lugar del "qué" de la Iglesia católica es el primer paso para ayudar a las personas a entablar una relación con Cristo. Yo lo ignoraba en aquel entonces, pero ahora lo sé: esta lección con mis estudiantes de décimo grado fue una forma de compartir el mensaje central del Evangelio, lo que se llama kerigma.

Kerigma: volver a lo básico

Kerigma, que significa "proclamación", proviene de la palabra griega *kerusso*, que significa "heraldo" o aquel que proclama. A medida que los apóstoles comenzaban a compartir su experiencia de Jesucristo, comenzaron con lo básico de su vida, muerte y Resurrección. Comenzaron con la Buena Nueva de que, por medio de Jesús, Dios se había acercado a su pueblo. Poco a poco, y solo una vez que las personas habían entendido y aceptado el mensaje básico, lograron progresar hacia una instrucción o enseñanza mucho más completa (*didache*) en la fe. En la Iglesia de los primeros siglos se le dedicó bastante tiempo a la proclamación inicial del Evangelio y a ayudar a las personas a desarrollar una relación con la Persona de la Buena Nueva. De esta manera, Jesús es tanto el mensaje como el mensajero.

Hoy son muchos los que no han oído nada sobre la Buena Nueva o quizás han escuchado solo partes de la historia del cristianismo, pero no la han aceptado en su totalidad. Parecen perderse en el laberinto de la complejidad de las enseñanzas y doctrinas de la Iglesia y, para usar una expresión popular, "no ven el bosque por fijarse en los árboles". Hoy más que nunca es necesario un enfoque que vuelva a lo básico, pero no puede ser un enfoque único que se aplique a todos.

Con sus labios, los apóstoles proclamaron con audacia la espléndida simplicidad del kerigma a diferentes públicos, adaptando el mensaje a su receptividad, historia y posición en la comunidad. Nosotros también somos llamados a proclamar la Buena Nueva con valor y convicción, como personas que conocemos y amamos a Jesús. Aunque para nosotros el término *kerigma* sea algo nuevo, estamos inmersos de manera habitual en la proclamación de la Buena Nueva. Por ejemplo, en el Credo que se proclama en la misa, habitualmente resumimos la esencia del kerigma:

> Que por nosotros, los hombres, y por nuestra salvación bajó del cielo, y por obra del Espíritu Santo se encarnó de María, la Virgen, y se hizo hombre; y por nuestra causa fue crucificado en tiempos de Poncio Pilato; padeció y fue sepultado, y resucitó al tercer día, según las Escrituras, y subió al cielo, y está sentado a la derecha del Padre.

Demos un vistazo al kerigma y algunas recetas básicas para compartir.

El proceso kerigmático

Si el kerigma debe insertarse en todos nuestros esfuerzos catequéticos y de evangelización, ¿cuál es la mejor fórmula que se puede usar? La respuesta corta es que no existe un proceso kerigmático infalible que pueda replicarse con exactitud. La arquitectura del kerigma depende del público destinatario. Pero en su forma más básica, el kerigma contiene cinco movimientos fundamentales: creación, caída, redención, recreación y salvación.

1. **Creación.** Un Dios amoroso creó el mundo, y cada uno de nosotros es creado para vivir en una relación con él.
2. **Caída.** Por medio de la humanidad, el pecado entró al mundo, y nuestra unión perfecta con Dios se quebrantó.
3. **Redención.** Dios envió a su Hijo amado, Jesús, para redimir a la humanidad. La vida, muerte y Resurrección de Jesús representan la expiación de los pecados del mundo. Se nos ofrece la opción de participar de esta redención.

4. **Recreación.** Desde su posición como Mesías, Jesús reina sobre todas las cosas, y su vida, muerte, Resurrección y Ascensión nos hacen nuevas criaturas.

5. **Salvación.** Es necesario creer en Jesucristo y en el Padre que lo envió para salvarnos. La presencia del Espíritu Santo es un don del Padre para sus hijos amados.

La gran mayoría de los católicos tienen una idea de la historia esencial del Evangelio, pero necesitan escuchar el kerigma muchas veces para que eche raíces. Es posible que algunos estén familiarizados con uno de los movimientos pero no con todos. Algunas personas necesitarán una versión algo distinta o más extensa del kerigma, como por ejemplo la "Gran Historia" en nueve actos que se presenta en *Formación de discípulos intencionales:*

1. **El Reino:** una invitación a vivir una realidad en la que reina la voluntad de Dios.

2. **Jesús, el rostro del Reino:** una invitación a conocer a la Persona que encarna el Reino.

3. **Jesús, el Reino en palabra y en obra:** la obra del Reino, que consiste en sanar, perdonar, proclamar y enseñar.

4. **Jesús abraza la cruz:** el misterio de la muerte como la llave para acceder a la vida eterna.

5. **Resurrección, Ascensión, vida nueva, adopción y el Reino:** la victoria sobre el pecado y la muerte.

6. **Jesús me pide que lo siga:** una invitación a adoptar esta nueva forma de vida que se conoce como discipulado.

7. **El pecado personal y el perdón:** transformación de la manera en que vivimos.

8. **Echar las redes:** asumir un compromiso firme con Cristo y su Cuerpo, la Iglesia.

9. **La vida de discipulado:** despertar cada día a una nueva manera de vivir.

Independientemente del formato que utilices, es importante que te familiarices bien con el kerigma antes de presentarlo a los demás. Además de conocer bien el kerigma, deben tenerse en cuenta algunas consideraciones, como se indica a continuación:

- **Construir sabiamente.** La arquitectura del kerigma depende del público destinatario, de la madurez y del grado de receptividad de los oyentes. Dedica tiempo a reflexionar sobre qué movimiento del kerigma puede resultarle conocido o no a la persona o las personas, y cuál ha sido su respuesta a la historia hasta ese punto de su vida.

- **Es lo que es.** Proclamación es proclamación. No pretende ser una catequesis plena, ni tiene el objetivo de hacer que alguien "vuelva a ir a misa". Permite que el poder del kerigma toque el corazón de la persona sin explicaciones innecesarias.

- **N.T.C.** No te compliques. Presenta el kerigma con enunciados simples pero poderosos. Evita las explicaciones y los comentarios extensos.

- **Cuidado con la terminología.** En la Iglesia católica utilizamos toda una gama de términos que pueden confundir o parecer desagradables. Di lo que quieres decir, y haz lo que dices que harás. Define lo que quieres decir con términos como *Resurrección* o *Ascensión*. No supongas que la persona sabe qué significan esas palabras.

- **Todo con calma.** Si crees que tu público se está desconectando, haz una pausa y vuelve al tema más tarde.

- **Reflexiona y repite.** La mayoría de las personas necesita escuchar el kerigma más de una vez para comprender la importancia del mensaje, reflexionar sobre su contenido y asimilarlo. Repite el kerigma de modos distintos en momentos distintos.

- **Reza.** Comienza la presentación del kerigma con una oración. Rezar antes, durante y después del proceso no es algo opcional.
- **Ten paciencia pastoral.** Tomar la decisión consciente de seguir a Jesús puede ser una experiencia dolorosa para algunos. Ser paciente y demostrar amor durante el proceso es fundamental.
- **Mantente en contacto.** No dejes a las personas en suspenso. Busca tener una conversación para clarificar o profundizar.

Desafío kerigmático: hazlo personal

Personalizar el mensaje del Evangelio puede ser una experiencia poderosa. Ayuda a las personas a ver el Evangelio no como algo que sucedió fuera de ellas, sino como algo de lo que ellas mismas forman parte. El siguiente formato puede ayudar a que se conecten de modo personal con la historia del Evangelio:

- Un Dios amoroso me creó para vivir una relación con él.
- He quebrantado mi relación con Dios a causa del pecado.
- Jesús restaura mi relación con Dios por medio de su vida, muerte y Resurrección.
- Jesús me invita a confiar en él, a apartarme del pecado y a entregarle mi vida.
- Jesús ha derramado el Espíritu Santo en mi corazón para darme nueva vida en su Iglesia y envía a su Iglesia en una misión de modo que otros puedan experimentar esa nueva vida.

He presentado el kerigma en una conversación de diez minutos y en un día entero de retiro. Una vez que te familiarices con los movimientos podrás adaptarlo según sea necesario. La actividad para imprimir al final del capítulo ofrece un panorama de cómo podría ser el marco de una experiencia kerigmática en tu parroquia. Hay suficiente margen para la adaptación, pero el formato funciona igualmente bien en una experiencia de noventa minutos como en un retiro de todo el día.

Yo era. Dios hizo. Yo soy.

La nueva evangelización y el kerigma no tienen el objetivo de modificar conductas ni convencer a las personas de unirse a una parroquia. En cambio, sí tienen la meta de lograr la conversión en la vida de cada persona que encontramos y de acompañar a esa persona en el camino hacia Cristo. Para muchos, unirse a una parroquia sucede después, con frecuencia mucho después. La conversión, o *metanoia*, implica una transformación sincera de mente y corazón hacia la persona y la misión de Cristo. Significa apartarse de algo para acercarse a algo más. El *Catecismo de la Iglesia Católica* define dos conversiones que ocurren en nuestra vida.

1. La primera conversión, y la más fundamental, ocurre durante el sacramento del Bautismo (*CIC* #1427). La profesión bautismal es el fundamento de nuestra casa espiritual.

2. La segunda conversión ocurre a lo largo de nuestra vida y es una tarea que debe facilitar toda la Iglesia. La conversión de san Pedro después de negar a Cristo es un ejemplo de este tipo de conversión (*CIC* #1428, 1429). Esta conversión puede ser un momento trascendental o una serie de movimientos menores a lo largo del tiempo.

La conversión es algo difícil y, a menudo, doloroso. San Pedro lloró amargamente tras haber negado a Cristo. Y una vez, en una conferencia a la que asistí, conocí a una mujer llamada Shirley, quien resumió el kerigma en tres movimientos importantes de su vida: su vida antes de tener una relación con Cristo y mientras vivía de una manera que no armonizaba con el Evangelio; su vida durante un tiempo de gran sufrimiento como resultado de sus elecciones, cuando sintió que el amor y la misericordia de Dios tocaron su corazón; y su vida después de esta situación. Resumió su historia de esta manera: "Yo era (un desastre).

Dios hizo (lo que hizo). Yo soy (una nueva creación)". Y tomó asiento. Su mensaje fue conciso, auténtico y poderoso.

Construye un puente y crúzalo

En su "Tratado de la divina providencia", parte 1 de su *Diálogo*, santa Catalina de Siena con frecuencia usa la metáfora de un puente para describir nuestra relación con Dios. Cristo es el puente que nos une a Dios sobre el abismo del pecado, que ella describe como un río enfurecido que intenta arrastrarnos. El puente representa nuestro paso de las tinieblas del pecado a la luz de Cristo.

Es interesante advertir que esta imagen de Cristo como constructor de puentes ha sido tomada en el mundo evangélico y utilizada como medio para transmitir el Evangelio y lograr que las personas se conviertan. El marco que se presenta a continuación es una manera de ilustrar el Evangelio y puede utilizarse eficazmente con la fórmula kerigmática básica que se detalla en este capítulo.

El kerigma: el meollo del asunto

La expresión que dice que "una flecha que apunta a la cabeza no perforará el corazón" nos ayuda a entender la relación íntima entre la evangelización y la catequesis. El kerigma es una flecha que perfora el corazón de quien busca a Cristo. Sin el kerigma, nuestra catequesis no será eficaz ni dará frutos. El Papa Francisco a menudo habla de la función del kerigma en el proceso catequético: "Hemos redescubierto que también en la catequesis tiene un rol fundamental el primer anuncio o 'kerygma', que debe ocupar el centro de la actividad evangelizadora y de todo intento de renovación eclesial. El kerigma es trinitario. . . . En la boca del catequista vuelve a resonar siempre el primer anuncio: 'Jesucristo te ama, dio su vida para salvarte, y ahora está vivo a tu lado cada día, para iluminarte, para fortalecerte, para liberarte'" (*Evangelii Gaudium*, #164).

Una vez un catequista de Nigeria me dijo: "Ustedes en el mundo occidental tienen la gran bendición de tener materiales y recursos de presentación atractiva. Estos materiales serían de una enorme ayuda para nosotros. Y sin embargo, es asombroso que con todo eso, el mundo occidental no esté lleno de discípulos". Su comentario me impresionó profundamente y le pregunté qué utilizaba él para evangelizar y catequizar a las personas de su diócesis. Dijo: "Tenemos dos cosas. Tenemos el amor de Jesucristo vivo en nuestro corazón, y tenemos el Credo. Eso es todo". ¡Eso es todo! Un testigo fiel en combinación con una proclamación básica es el mejor catalizador para el crecimiento en la vida espiritual, como se expresa en este pasaje:

> "El anuncio tiene por objeto a Cristo crucificado, muerto y resucitado: en él se realiza la plena y auténtica liberación del mal, del pecado y de la muerte; por él, Dios da la 'nueva vida', divina y eterna. Esta es la 'Buena Nueva' que cambia al hombre y la historia de la humanidad, y que todos los pueblos tienen el derecho a conocer". (*Redemptoris Missio*, #44)

Como líder catequético, eres llamado a guiar a las personas a profundizar más en el kerigma, y la obra de la catequesis debería reflejar este acto. Existe una tendencia a pensar que la proclamación inicial es deficiente por ser "demasiado básica", pero no es el caso. El kerigma debe suscitar una respuesta y lograr transformar a quien escucha la Palabra en proclamador de la Palabra y, en última instancia, en hacedor de la Palabra. Como tal, el kerigma debería ser el eje de nuestros esfuerzos evangelizadores y catequéticos. Cuando se dice: "Vayamos al meollo del asunto", lo que se quiere decir es que se desea ir directamente al grano y, una vez allí, darse cuenta de que lo que más importa es el corazón. Todo lo demás es secundario. El kerigma es el meollo del asunto y nuestro punto de partida para el discipulado.

Resumen: Mira, ve y cuenta

Ahora bien, si se proclama que Cristo resucitó de la muerte, ¿cómo algunos de ustedes dicen que no hay resurrección de muertos? Si no hay resurrección de muertos, tampoco Cristo ha resucitado; y si Cristo no ha resucitado, es vana nuestra proclamación, es vana nuestra fe. (1 Cor 15:12–14)

Jesús le dijo a María Magdalena que fuera a hablar con los discípulos y les contara lo que había visto, y, sin embargo, algunos de los apóstoles dudaron de su palabra. ¿Puedes imaginar la angustia y la pena que debió haber sentido? Finalmente, no obstante, los apóstoles le creyeron. Puesto que María Magdalena creyó y compartió la Buena Nueva, nosotros también participamos de esta creencia. Nosotros también somos testigos de la Resurrección.

Hay muchas personas, hoy en día, que han perdido un sentido vivo de la fe. Dudan de los creyentes y a veces se burlan de ellos y los condenan. La tenacidad y el valiente testimonio de María Magdalena nos recuerdan que en el corazón de nuestra fe hay una relación con una persona viva, Jesucristo, el Hijo de Dios, que desea que lo demos a conocer al mundo. Como líderes catequéticos en la nueva evangelización, se nos pide que anunciemos que nosotros también hemos "visto al Señor", y que vayamos y lo anunciemos ¡hasta los confines de la tierra!

Para reflexionar y conversar

- ¿Qué tan familiarizado estoy con el kerigma?
- ¿Cómo facilito la conversión en mi ministerio?
- ¿Cómo ayudo a mis catequistas a proclamar el kerigma en sus clases?

Madurar como líder catequético

"El *kerygma* no sólo es una etapa, sino el hilo conductor de un proceso que culmina en la madurez del discípulo de Jesucristo. Sin el *kerygma*, los demás aspectos de este proceso están condenados a la esterilidad, sin corazones verdaderamente convertidos al Señor. Sólo desde el *kerygma* se da la posibilidad de una iniciación cristiana verdadera. Por eso, la Iglesia ha de tenerlo presente en todas sus acciones" (*Documento de Aparecida*,

#278a). El kerigma está en el corazón del proceso catequético. Pero ¿está también en el corazón de nuestra vida como líderes catequéticos? En los días siguientes, reflexiona acerca de los movimientos del kerigma. Advierte cualquier área donde haya resistencia o donde sientas que "conoces" la historia y la encuentras aburrida o trillada. Dios suele usar nuestra debilidad o resistencia para mostrarnos dónde se necesita crecer. Practica compartir con alguien a quien amas la historia básica con tus propias palabras, usando términos sencillos. Después, piensa en alguien que quizás no esté familiarizado con el kerigma. ¿Cómo se lo podrías presentar a esta persona?

Visita www.loyolapress.com/lce para acceder a la hoja de ejercicios.

Acción sugerida

"Creo en el cristianismo como creo que ha salido el sol, no porque lo vea, sino porque gracias a este veo todo lo demás" [v.d.t.] (C. S. Lewis, *Is Theology Poetry?* [¿La teología es poesía?] en *The Weight of Glory* [El peso de la gloria], 141). El sol sale y se pone cada día, sin importar si lo advertimos o no. ¿Hay alguna enseñanza o práctica de tu fe que das por sentada o que te resulta indiferente? Haz una lista de tres maneras en las que puedes recuperar la sensación de calidez y energía para este aspecto de tu fe.

Recursos adicionales

En español

Documento de Aparecida. V Conferencia General del Episcopado Latinoamericano y del Caribe (CELAM) (2007).

Bajo la influencia de Jesús: la experiencia transformadora de encontrarse con Cristo. Joe Paprocki (Chicago: Loyola Press, 2014).

Camino a Emaús. Ada Isasi Díaz, Timoteo Matovina, Nina M. Torres (Liturgical Press, 2003).

Catequesis Evangelizadora. Emilio Alberich Sotomayor (Madrid: CCS, 2009).

Provocados por la Palabra de Dios. Carmelo Hernández Gallo (Burgos: Monte Carmelo, 2017).

En inglés

"John Paul II and the New Evangelization: What Does It Mean?" [Juan Pablo II y la nueva evangelización: ¿qué significado tiene?]. Avery Dulles en *John Paul II and the New Evangelization* [Juan Pablo II y la nueva evangelización], ed. Ralph Martin y Peter Williamson (Cincinnati: Servant/St. Anthony Messenger Press, 2006).

"The Ministry of the Word: From Kerygma to Catechesis" [El ministerio de la Palabra: del kerigma a la catequesis]. Pierre-Andre Liege, OP, en *Sourcebook for Modern Catechetics* [Libro de consultas para el catequista moderno] (Winona, MN: St. Mary's Press, 1983).

4

No podemos sentarnos a esperar: evangelización, discipulado y misión

¿Nomás porque sí?

La abuela de Kristin asistía fielmente a misa todos los días. Cuando Kristin le preguntó por qué iba a misa a diario, no esperaba que la respuesta la tomara por sorpresa: "Porque así me lo ordenaron". Cuando Kristin le preguntó a su abuela si asistir a misa le traía alguna alegría, le respondió que no, que sencillamente era su deber ir y estar allí. Esta historia ilustra un aspecto simple pero importante. Nunca podemos suponer que las personas que participan activamente en nuestras parroquias (incluso si van a misa todos los días) tienen una relación con Cristo y están viviendo su llamado bautismal. ¿Cuántos de nuestros feligreses van a la iglesia nomás porque sí, al igual que la abuela de Kristin? Demasiados, si nos basamos en las estadísticas actuales.

Durante décadas, el mensaje tácito a los católicos sobre lo que se espera de ellos ha sido: "reza, paga y obedece". En su libro *A Church on the Move: 52 Ways to Get Mission and Mercy in Motion* [Una iglesia en movimiento: 52 maneras de poner en marcha la misión y la misericordia] (Loyola Press, 2016, 70), Joe Paprocki sugiere que, más bien, reemplacemos este enfoque minimalista con esta exhortación: "crece, ve y da"; una actitud que expresa discipulado, no simplemente una obligación mínima.

- **Crece:** se espera que los feligreses crezcan en su fe.
- **Ve:** se espera que los feligreses salgan al mundo a compartir su fe.
- **Da:** se espera que los feligreses compartan sus dones con la comunidad de fe y con el mundo en general.

El objetivo de la colaboración entre la evangelización y la catequesis es formar discípulos de Jesucristo que salgan en una misión a compartir su fe con los demás. Pero, ¿qué es exactamente un discípulo, y cómo colaboran la catequesis y la evangelización en el proceso de discipulado? En este capítulo exploraremos lo que significa vivir como un discípulo de Cristo en la nueva evangelización e identificaremos algunas de las maneras en las que la evangelización y la catequesis colaboran para formar discípulos enviados en misión.

¿Qué es un discípulo?

Un discípulo es alguien que sigue a Jesús, que lo ama, que desea aprender de él, estar con él y compartirlo con otros. Todo el proceso de discipulado es un aprendizaje en la fe, en el vivir de la vida cristiana. Es un proceso que se lleva a cabo durante toda la vida, que crece a medida que crecemos y que se moldea según nuestras experiencias del mundo que nos rodea. El Papa Francisco nos recuerda que "ser discípulo es tener la disposición permanente de llevar a otros el amor de Jesús y eso se produce espontáneamente en cualquier lugar: en la calle, en la plaza, en el trabajo, en un camino" (*Evangelii Gaudium*, #127). Esto nos puede suceder en el supermercado o cuando usamos las redes sociales. Suelo describir a los discípulos como "tabernáculos con pies", pues llevan la Palabra de Dios al mundo en su vida cotidiana.

Ya no podemos suponer que las personas sentadas en nuestros bancos han sido evangelizadas, y ya no podemos seguir sentados y esperar a que las personas toquen a las puertas de nuestras parroquias pidiendo ser evangelizadas. El hecho de que exista una iglesia y sus diversos ministerios no significa que se esté viviendo el discipulado. Una de mis citas favoritas del libro *Formando discípulos intencionales* de Sherry Weddell es del padre Damian Ference, que escribe: "Con frecuencia, los líderes de la Iglesia suponen que todos los feligreses que van a misa los domingos, todos los niños y jóvenes que asisten a escuelas católicas y a programas de doctrina del catecismo, todos los muchachos en nuestros grupos juveniles... y todos los miembros de los equipos que preparan a nuevos católicos mediante el Rito de Iniciación Cristiana (RICA) ya son discípulos. Muchos todavía no lo son. (Lo mismo puede decirse del personal y del magisterio de las instituciones católicas). Nuestra gente puede participar de manera activa en los programas de sus parroquias, escuelas e instituciones, pero, desafortunadamente, esa participación no equivale a un discipulado" (34). Este es un aspecto fundamental. ¡El hecho de que las personas vengan a la iglesia y estén activas en nuestros ministerios y programas no quiere decir que sean discípulos! (La participación activa no implica discipulado). ¿Cuáles son, entonces, los instrumentos de una vida de discípulo bien sintonizado?

- **Una relación personal.** Un discípulo tiene una relación personal con Jesús, puede articularla y les presenta a Jesús a otros.
- **Oración.** Un discípulo reza con regularidad.
- **Compromiso.** Un discípulo tiene un compromiso con Jesús, su Iglesia y el Reino.
- **Adoración.** Un discípulo adora con regularidad.
- **Estudio.** Un discípulo estudia las Sagradas Escrituras y otros escritos cristianos.
- **Apertura.** Un discípulo es receptivo al Espíritu Santo y a la dirección hacia donde el Señor lo guía.
- **Participación.** Un discípulo participa en la comunidad y en la vida sacramental de la Iglesia.

- **Servicio.** Un discípulo sirve a los demás en nombre de Jesucristo.
- **Generosidad.** Un discípulo comparte sus dones personales, su tiempo y sus bienes con el Señor y su Iglesia.
- **Evangelización.** Un discípulo evangeliza al mundo con hechos y con palabras.

Algunos de estos instrumentos pueden desarrollarse juntos o en etapas, dependiendo de si la gente está comenzando su camino en el discipulado o si ya está más avanzada en el proceso. Comprender las funciones de la catequesis y la evangelización, así como la manera en la que trabajan en conjunto, te ayudará a ser más consciente de tu planificación y enfoque en cuanto al liderazgo catequético.

Primero, lo primero: sigue al líder

La palabra *discípulo* viene del término griego *mathetes*, que significa "alumno o estudiante del maestro". El maestro, por supuesto, es Jesucristo. Jesús es el conductor de nuestro ministerio y de nuestra vida. Para poder seguirlo debemos estar atentos y detectar sus pistas. A donde él va, lo seguimos.

Jesús mismo nos revela un método sencillo para el discipulado. ¿Qué hace Jesús antes de elegir a sus discípulos? Se retira a rezar y discernir a quién seleccionar mientras conversa con su Padre. A lo largo de los Evangelios, Jesús habitualmente se retira del mundo para pasar tiempo a solas en oración. La oración se ubica en el centro del proceso de creación de discípulos. En el ministerio corremos el riesgo de pasar los días hablando de Jesús pero no hablando *con* él. El ejemplo de Jesús nos muestra que llevar al Padre toda decisión sobre el discipulado es el mejor primer paso.

¿Cuántas veces, en el ministerio, nos apresuramos a comenzar el día sin hacer una pausa para pasar tiempo con el Señor? Yo a menudo paso deprisa por la capilla de nuestro Centro Pastoral para poder ocuparme de las actividades del día y no dedico tiempo a dar gracias a

Aquel de quien fluye toda la gracia. El tiempo que se pasa en oración jamás es tiempo perdido. De la oración salimos en contacto con Dios, a menudo revitalizados, fortalecidos y renovados para ministrar. La oración debe estar en el centro de todo el proceso de evangelización y catequesis e impregnarlo. En *Navigating the New Evangelization* [Navegando por la nueva evangelización], el padre Cantalamessa nos recuerda que "la oración es fundamental para la evangelización porque la predicación cristiana no es primordialmente la comunicación de la doctrina, sino la comunicación de la existencia, de una vida. Quien reza sin hablar evangeliza más que quien habla sin rezar" [v.d.t.] (34).

La vida misma de Jesús constituye un marco para el proceso de formación de discípulos. Jesús tenía un proceso para formar discípulos. Se alejaba, a menudo solo, para rezar y conversar con su Padre. En el documento "*Living as Missionary Disciples: A Resource for the New Evangelization*" [Vivir como discípulos misioneros: un recurso para la nueva evangelización] de la USCCB, los obispos señalan que "Cristo nos da el método: 'Ven y verás' (Jn 1:46); 'Sígueme' (Mt 9:9); 'Permanezcan en mí' (Jn 15:4) y 'Vayan y hagan discípulos entre todos los pueblos' (Mt 28:19)" [v.d.t.] (9). Esto concuerda con los términos *encontrar, acompañar, comunidad* y *enviar*, que conforman el itinerario formativo del discipulado misionero.

Cuando se unen el proceso de discipulado misionero y el ejemplo de Jesús, el marco se ve así:

- "Ven y verás": encuentro
- "Sígueme": acompañamiento
- "Permanezcan unidos en mí": comunidad
- "Vayan y hagan discípulos": misión

Este marco se refleja espléndidamente en las etapas del proceso de evangelización, que exploraremos más adelante en este libro. La catequesis, por ejemplo, es más eficaz solo después de la evangelización, cuando alguien ha tenido un encuentro con Cristo y es receptivo a escuchar más sobre quién es él.

La sinfonía parroquial del discipulado

La actividad por sí sola no es garantía de que exista el discipulado en una parroquia. Las parroquias pueden tener un calendario repleto, pero muy a menudo estos eventos y experiencias no están bien vinculados y terminan convirtiéndose más en una distracción que en una atracción. Todos desean una parroquia dinámica, pero este dinamismo brota del crecimiento espiritual, no de un ajetreo frenético. En esta sección exploraremos el concepto de discipulado desde la perspectiva de una parroquia utilizando la metáfora de una orquesta. Las orquestas pueden variar según su conformación y ser de cámara, por contar con menos de cincuenta integrantes, o sinfónicas, por integrar más de cien músicos. Independientemente del tamaño, una gran orquesta toca hermosa música gracias a algunos principios fundamentales compartidos. Veamos algunos de los principios fundacionales del discipulado parroquial.

- **Todos tocan música en conjunto intencionalmente**

  Una palabra muy popular en la cultura general y en la Iglesia es *intencionalidad*. Existen numerosas páginas web y blogs dedicados a la "vida intencionalmente significativa" o a la "simplicidad intencional", por ejemplo. Como Iglesia, la intencionalidad debería estar en el centro de nuestros esfuerzos de evangelizar y catequizar a nuestros feligreses.

  El trabajo en conjunto para formar a jóvenes, jóvenes adultos y adultos exige un esfuerzo coordinado y una visión común. Requiere la capacidad de trascender las "disputas territoriales" o la "mentalidad aislacionista" que solemos ver en el personal parroquial que cae en el hábito de llevar a cabo sus ministerios con una visión estrecha que se concentra en su propia área.

Cuando uno o más integrantes del personal adoptan una "mentalidad aislacionista", los distintos ministerios coexisten simultáneamente pero no tienen reciprocidad ni integración en su visión ni en sus prácticas ministeriales. Cada ministerio trabaja de manera independiente del otro, y existe poco diálogo sobre prácticas genuinas de ministerio colaborativo o de una visión compartida. Un efecto secundario de esta realidad es la tan temida reunión de personal parroquial en la que las personas se encuentran, informan sobre lo que hacen individualmente y se vuelven a sus propios ministerios. Esta situación tiene que cambiar. Cada oportunidad en la parroquia, incluidas las reuniones (y en especial las reuniones) debería tener como objetivo principal la formación de discípulos.

¿Por qué? Porque el contexto para nuestro ministerio en la actualidad es la nueva evangelización, y el instrumento de la nueva evangelización es el discípulo. Si el fin de nuestra labor es crear discípulos de Jesús, entonces debemos diseñar procesos que propicien una cultura de discipulado dentro de la parroquia. Tener a todo el personal y a la comunidad parroquial a bordo es la clave para evitar el síndrome de la "mentalidad aislacionista". En vez de considerarlos artistas independientes en el escenario, piensa más bien en tu personal pastoral como una orquesta en la que cada integrante del equipo toca su propia música ministerial pero en armonía con todos los demás, con la misión y visión generales de la parroquia, y el objetivo de formar discípulos. ¡Todos tocan un instrumento distinto, pero es solo cuando los músicos comparten la misma melodía y se dejan conducir (por el Espíritu Santo) que surge una bella música sinfónica!

- **¡El Aleluya es nuestra canción!**
Si bien muchos creen que la membresía de la Iglesia católica a nivel mundial está disminuyendo, lo cierto es que, en realidad, está ocurriendo todo lo contrario. La Iglesia católica está

creciendo a nivel mundial, y la cantidad de católicos bautizados ha aumentado a un ritmo más rápido que el de la población mundial, según la Oficina Central de Estadística de la Iglesia del Vaticano. Las cifras que se presentan en el *Anuario Pontificio 2016*, el anuario del Vaticano, y en el *Anuario Estadístico de la Iglesia* muestran estadísticas detalladas sobre la fuerza laboral de la Iglesia, la vida sacramental, las diócesis y las parroquias al 31 de diciembre de 2014. Estas cifras no concuerdan con la descripción de una fe agonizante, como tanto insinúan los medios de comunicación. No obstante, si la Iglesia en realidad está creciendo a nivel mundial, entonces ¿por qué los índices de asistencia a misa rondan aproximadamente el 30% a nivel nacional?

El problema radica en el hecho de que no estamos formando discípulos. Tenemos más programas, más eventos y más recursos que nunca antes, pero en general existe una desconexión generalizada entre las enseñanzas de la Iglesia y la práctica de la fe entre los católicos, sobre todo en lo que concierne a cuestiones morales. Nuestro problema no es atraer sino de retener. Parece que no podemos lograr que los católicos participen en la vida de nuestras parroquias. En los Estados Unidos parece que nos va relativamente bien en lo que respecta a atraer a personas al catolicismo, pero nuestras parroquias pierden enormes cantidades de miembros y con más rapidez que cualquier otra denominación, según una investigación de *Pew* correspondiente a 2015. Por cada converso que ingresa a la Iglesia católica estadounidense, seis personas que ya son católicas se marchan. Como me comentó un observador, nos hemos transformado en una Iglesia donde las personas solamente se encuentran para los bautizos, las bodas y los funerales. Vemos personas, si es que las vemos, cuando son bautizadas, cuando se casan y cuando mueren.

Si bien esto es motivo de gran preocupación y un asunto urgente, no debería llevar a la desesperanza. La gracia de Dios siempre está en acción. Como nos recuerda una y otra vez san Juan Pablo II, somos el pueblo de la Pascua, y *Aleluya* es nuestra canción. ¡Pongamos entonces a tono nuestra vida parroquial de modo que la pieza que ejecutemos sea una que las personas nunca olviden y las sustente toda la vida!

Orquestar el discipulado para beneficio de todos

En su libro *Growing True Disciples* [Formando verdaderos discípulos] (Waterbrook, 2001), George Barna da cuenta de una exhaustiva investigación realizada en congregaciones de todos los Estados Unidos. Halló un patrón común entre todas las denominaciones: había un sinfín de programas ofrecidos en las parroquias, pero eran pocos los procesos intencionales y sistemáticos para el discipulado y la evangelización. Cuando se les preguntó cómo querían mejorar sus programas de discipulado, muchos líderes eclesiales respondieron que desarrollarían un plan o enfoque del discipulado más claramente articulado que se centrara en el crecimiento en lugar de en los puntos de referencia y estándares habituales. "¿Y si cambiáramos nuestros estándares?", preguntó Barna. "¿Y si dejáramos de resaltar las estadísticas de asistencia, los metros cuadrados y las cifras de ingresos en favor de un compromiso con la profundidad y autenticidad del discipulado?" (4) [v.d.t.]. ¿Cómo afectaría nuestra planificación a esta manera de pensar? ¿Cómo nos aseguraríamos de que la norma espiritual de nuestras parroquias, en vez de abarcar mucho y apretar poco, fuera más profunda e integral?

En la parroquia, en la mayoría de los casos carecemos de un modelo de discipulado y de un proceso intencional y bien elaborado para formar discípulos. Debemos prestar atención a los procesos de formación que:

- transformen a los católicos para que pasen de ser meros consumidores de servicios religiosos a ser discípulos enviados en misión.

- fomenten las disciplinas de la vida cristiana, entre ellas la oración, el estudio, el dar limosna, el ayuno y el servicio.

En lugar de concentrar el esfuerzo de nuestros ministerios en fortalecer nuestra propia área, como por ejemplo el ministerio juvenil, las escuelas o la corresponsabilidad, deberíamos enfocarnos en el discipulado. Hay que recordar que una participación activa en la pastoral juvenil, la corresponsabilidad, el servicio y la formación es fruto del discipulado.

Cada parroquia debe asumir su capacidad para evangelizar y catequizar eficazmente a las personas. No hay un enfoque universal que se aplique a todos ni tampoco una solución mágica. Lo que funciona bien para una parroquia no funcionará bien para otra. Como ocurre en cualquier orquesta, la música que se toque será determinada por los músicos y por la selección musical. Cada parroquia debe decidir qué música ejecutará para formar, informar y transformar a sus integrantes.

Veamos algunos de los componentes del proceso de formación de discípulos, comenzando por el principio más fundamental: seguir a Jesús.

Poner en marcha la misión

Durante una reunión de consejo pastoral, se debatían las infinitas maneras de atraer a nuevos miembros a la parroquia, que año tras año los iba perdiendo. Se preguntó: "¿Cómo podemos lograr que todas esas personas que están allá afuera entren aquí?". No pude evitar plantearme si esta pregunta (que he escuchado muchas veces) era la apropiada. ¿Qué observas en el lenguaje que se utiliza en la pregunta y en la manera en que está elaborada? Cuando escucho esta pregunta, me sorprenden dos cosas.

1. la mentalidad de "nosotros contra ellos"
2. el movimiento de "allá afuera" a "entren aquí"

El enfoque reside en traer a "esas" personas aquí para que adoren con nosotros. Muy a menudo esta pregunta realmente quiere decir: "¿Cómo podemos lograr que esas personas vengan a misa?". Por otra parte, orientada al aspecto misionero, la pregunta plantea algo diferente: "¿Cómo podemos lograr que todas las personas que están aquí salgan allá afuera y puedan alcanzar a otros para Cristo?". El énfasis está en salir y enviar, y las personas alcanzadas son nuestros amigos, los integrantes de nuestra familia y nuestros vecinos.

A menudo las parroquias comienzan el proceso de discipulado renovando su declaración de misión. Durante este proceso (que puede llevar hasta un año), muchos miembros que pasan inadvertidos dejarán la Iglesia en silencio y sin avisar. ¿Es esto a lo que se ha reducido la misión? ¿A una nueva declaración de misión exhibida en la pared de una oficina o de un aula que pocos recordarán a menos que sea el aliento de vida de toda la parroquia? Para mí, una de las revelaciones más importantes sobre el proceso de formación de discípulos es que, con demasiada frecuencia, somos un pueblo sin una misión.

Lo cierto es que somos un pueblo que *es* una misión.

A menudo nos convertimos en ministros por dos razones: nuestro amor por la fe católica y nuestro amor por los demás. Dios nos llama, y nosotros respondemos. Él guía, nosotros seguimos. Jesús es el director. La parroquia es la orquesta. Nuestros ministerios son los instrumentos que trabajan en conjunto para tocar música. Nuestra canción es una canción de discipulado para el bien de su pueblo. La misión es "una pasión por Jesús pero, al mismo tiempo, una pasión por su pueblo" (*Evangelii Gaudium*, #268).

En nuestros ministerios tenemos la oportunidad de formar a personas para la misión. Personas para los demás. Personas que transforman culturas y cambian vidas. Podemos caminar con ellas y prepararlas con las habilidades que necesitan para compartir su fe con el mundo de una manera creíble y auténtica. ¡Estamos preparando a la próxima generación de santos con nuestros esfuerzos de formación de discípulos!

Resumen: En el hoyo

¿Podrá un ciego guiar a otro ciego? ¿No caerán ambos en un hoyo? El discípulo no es más que el maestro; cuando haya sido instruido, será como su maestro. (Lc 6:39–40)

¿Qué hace Jesús cuando alguien cae en el "hoyo" del pecado? Simplemente extiende su mano y saca a la persona de ahí. Al mirar hacia abajo, no se preocupa por la oscuridad del hoyo, sino que llama a la persona para que mire hacia arriba y encuentre la luz. A esto es a lo que somos llamados como sus discípulos: a amoldar nuestro corazón y nuestra mente cada vez más a Cristo de modo que su amor brille por medio de nosotros para dar calor a los corazones de quienes nos rodean. Si cerramos los ojos y nos volvemos ciegos al mundo que nos rodea, nosotros también caeremos en nuestro propio hoyo.

En el proceso de discipulado rige el principio de que se puede discipular a alguien solo hasta el punto que hayamos alcanzado nosotros en nuestro propio camino de discipulado. Siempre habrá alguien que necesite nuestra ayuda. No somos llamados a sentirnos superiores a los demás, sino a unir nuestras alegrías y sufrimientos a la cruz a medida que imitamos al maestro de maestros, Jesucristo, que desea que todos sintamos la calidez de su misericordia y su amor.

Para reflexionar y conversar

- ¿Cuáles son las etapas del proceso de evangelización en las que paso la mayor parte del tiempo en mi ministerio? ¿En qué forma es esta una fortaleza? ¿En qué forma es una debilidad?

- Cuando pienso en mis catequistas, ¿qué etapas del proceso de evangelización podrían causar más preocupación? ¿Cómo puedo ayudarlos a reflexionar sobre todos los aspectos del proceso de evangelización?

- ¿Qué es lo que entiendo acerca del concepto de misión? ¿Cómo puedo incorporar un enfoque más misiológico en mi ministerio?

Madurar como líder catequético

Aprendimos que existe un abismo del tamaño del Gran Cañón entre la sofisticada teología de la Iglesia sobre el apostolado laico y la experiencia espiritual *vivida* de la mayor parte de nuestro pueblo. Y este abismo tiene un nombre: *discipulado*. Aprendimos que la mayor parte de los católicos estadounidenses "activos" están aún en una etapa temprana y esencialmente pasiva del desarrollo espiritual. Aprendimos que nuestra primera

necesidad a nivel parroquial no es catequética. Más bien, nuestro problema esencial es que la mayoría de las personas aún no son discípulos. Nunca serán apóstoles hasta que hayan comenzado a seguir a Jesucristo como parte de su Iglesia (*Formación de discípulos intencionales*, 5).

Como líderes catequéticos, ministramos a personas en distintas etapas del proceso de discipulado y a menudo olvidamos nuestro propio camino en el discipulado. Somos propensos a concentrarnos más en los demás que en nosotros mismos. A medida que reflexionas sobre tu propio camino en el discipulado, ¿dirías que estás en la etapa inicial, en la etapa de crecimiento o en la etapa avanzada del discipulado? ¿Cómo fundamentarías tu respuesta?

Visita www.loyolapress.com/lce para acceder a la hoja
de ejercicios.

Acción sugerida

El libro *Lo único: la sencilla y sorprendente verdad que hay detrás del éxito*, de Gary Keller y Jay Papasan, detalla el *único* principio detrás de las personas exitosas que las ayuda a alcanzar sus sueños mientras viven una vida sencilla. Los autores plantean una pregunta interesante: *¿Qué es lo único que puedes hacer que, al hacerlo, todo lo demás será más sencillo o no será necesario?* [v.d.t.]. Como líder catequético reflexiona sobre esta pregunta y escribe eso que para ti es lo único. Reza al respecto y pide al Señor que te ayude a hacer este cambio.

Recursos adicionales

En español

Discípulos haciendo discípulos. Victoria Tufano (Chicago: Liturgy Training Publications, 2016).

Formación de discípulos intencionales: El camino para conocer y seguir a Jesús. Sherry Weddell (Huntington, IN: Our Sunday Visitor, 2015).

Resurrección y Discipulado. Thornwald Lorenzen (Santander: Sal Terrae, 1991).

Testigos del Señor Jesús. Enrique Ponce de León, SJ (Liturgical Press, 2017).

En inglés

Divine Renovation: Bringing Your Parish from Maintenance to Mission [Renovación divina: lograr que tu parroquia pase de mantenimiento a misión]. James Mallon (New London, CT: Twenty-Third Publications, 2014).

The Way of the Disciple [El camino del discípulo]. Erasmo
Leiva-Merikakis (San Francisco: Ignatius Press, 2003).

5

Ingresa en la catequesis: la catequesis como un momento en la evangelización

El aprendizaje de una forma de vida

Como líder catequético, seguramente desearás tener un entendimiento sólido del ministerio de la catequesis, que muy a menudo se interpreta como la transmisión de información cuando, en realidad, es un aprendizaje para una forma de vida en el contexto de una relación con Jesucristo. La catequesis procura ser transformadora al ayudar a las personas a crecer en una relación con Cristo y su Iglesia. Este capítulo ofrece una introducción básica a la catequesis, y un entendimiento de la misma, como todas las maneras en que la Iglesia forma discípulos de Cristo y sigue sustentándolos a lo largo de su camino de fe. También detallaremos el ministerio de la catequesis como se nos presenta en el *Catecismo de la Iglesia Católica*, con énfasis en los cuatro pilares de nuestra fe: el Credo, los sacramentos, la moral y la oración.

Instrucción, educación, formación: ¿de qué estamos hablando?

A lo largo de los años los términos usados para el ministerio catequético han cambiado.

- Mi suegra me cuenta que ella asistió a la CCD (*Confraternity of Christian Doctrine* [Confraternidad de la Doctrina Cristiana]).
- Mi esposo habla de instrucción religiosa.
- Cuando trabajaba en una parroquia fui directora de educación religiosa.
- Mis hijos hablan de formación de la fe.

En la actualidad, escucho a muchos líderes parroquiales hablar de "catequesis evangelizadora" o "catequesis centrada en la conversión", sobre todo cuando hablan del discipulado. ¿Se trata "solo de semántica" o esto indica un cambio en el entendimiento de la función, el propósito y la naturaleza del ministerio de la catequesis? En mi opinión, es esto último.

En la mente de la mayoría de las personas, la catequesis se ha convertido en sinónimo de educación religiosa, o lo que en un tiempo se conoció como instrucción religiosa. No obstante, si bien la educación religiosa y la catequesis son complementarias, a la vez también son diferentes. El documento *The Religious Dimension of Education in the Catholic School* (Congregation for Catholic Education, 1988) [Dimensión religiosa de la educación en la escuela católica (Congregación para la Educación Católica)] nos recuerda que existe una conexión pero también una diferencia entre la instrucción religiosa y la catequesis. La catequesis es más amplia y más profunda que la educación y la instrucción, pero abarca a ambas (#68). En *Catechesi Tradendae*, san Juan Pablo II nos da la siguiente descripción del ministerio de la catequesis: "Muy pronto se llamó catequesis al conjunto de esfuerzos realizados por la Iglesia para hacer discípulos, para ayudar a los hombres a creer que Jesús es el Hijo de Dios, a fin de que, mediante la fe, ellos tengan la vida en su nombre, para educarlos e instruirlos en esta vida y construir así el Cuerpo de Cristo" (#1). La catequesis es un proceso mucho más rico que la formación intelectual e incluye la formación litúrgica, espiritual y moral.

Evangelización y catequesis: proceso y momento

En su sabiduría, la Iglesia nos detalla el proceso de evangelización, que surge del ministerio de la Palabra y describe a la catequesis como un "momento" dentro del proceso. "El 'momento' de la catequesis es el que corresponde al período en que se estructura la conversión a Jesucristo, dando una fundamentación a esa primera adhesión" (*DGC*, #63). Un proceso sistemático y global de formación de la fe que sustenta la conversión incluye estas cinco etapas:

1. **Preevangelización:** Esta es la etapa más pasiva del proceso en términos de conexión con cualquier tipo de afiliación religiosa formal. Quienes atraviesan esta etapa suelen tener algún vínculo con la Iglesia católica pero no practican activamente su fe. Muchos padres que participan en la formación de la fe, por ejemplo, están en esta etapa de preevangelización. Tienen alguna conexión con el catolicismo pero no han tomado la decisión consciente de seguir a Cristo y de profundizar en su fe. Esta etapa se desarrolla sobre los deseos humanos básicos de seguridad, amor, amistad y aceptación, deseos que en última instancia hallan su cumplimiento en Dios. Se abordan las cuestiones fundamentales sobre la vida, como por ejemplo: ¿Por qué existo? ¿De dónde proviene todo? ¿Por qué el mundo es como es? ¿Cuál es mi propósito en este mundo? La amistad, el testimonio de la vida y escuchar son métodos pastorales adecuados para aplicar aquí.

2. **Proclamación inicial del Evangelio:** Esto está dirigido a

   - no creyentes
   - quienes no practican su fe
   - personas de otras religiones
   - hijos de personas cristianas

El kerigma constituye la labor principal de esta etapa y tiene el objetivo de llevar a las personas a la conversión. A menudo, el deseo de recibir la proclamación inicial puede surgir de un suceso significativo en la vida, que es cuando una persona está más predispuesta a buscar el rostro de Dios. Relacionar su experiencia con el Evangelio puede ser un poderoso momento de evangelización.

3. **Catequesis preparatoria:** Observa que esta etapa viene después de las dos anteriores y se dirige a:

   - personas que ingresan a la Iglesia
   - personas que están considerando la iniciación
   - niños y jóvenes

Presenta, de una manera básica y evangelizadora, la vida de fe, la liturgia y la caridad del Pueblo de Dios. Es la etapa de "sígueme" a la que nos invita Jesús.

La catequesis preparatoria puede venir antes o después del Bautismo. No es inusual hallar jóvenes que no han recibido una formación de la fe por muchos años y que tienen enormes brechas en su conocimiento básico de la fe. Como resultado, la catequesis durante esta etapa incluye la proclamación inicial del Evangelio, pues la conversión aún no ha ocurrido. La esperanza es que la persona sea guiada para profesar genuinamente la fe, que es el objetivo de esta etapa de la catequesis. Este es un tiempo, sobre todo para los niños, en el que la cantidad de información presentada puede resultar abrumadora. En todos los documentos de la Iglesia se nos aconseja que tomemos las cosas con tranquilidad pero con firmeza, de modo que las enseñanzas básicas y fundamentales de la Iglesia puedan madurar. Saltarse esta etapa o prestarle escasa atención causará problemas mayores posteriormente.

La catequesis preparatoria debería:

- orientar el corazón y la mente hacia Dios
- ayudar a las personas a participar en la liturgia, sobre todo en la Eucaristía
- inspirar el interés por la actividad misionera
- alimentar una vida centrada en Cristo
- sustentar una vida espiritual cristiana
- incorporar a las personas a una comunidad de fe que conozca, viva y celebre la fe con ellas

4. **Catequesis mistagógica o posbautismal:** La palabra *mistagogia* proviene del griego y podría traducirse por algo así como "iniciación a los misterios o su interpretación". La mistagogia es la cuarta etapa del Rito de Iniciación Cristiana de Adultos y se extiende en el tiempo desde la Pascua hasta la fiesta de Pentecostés y más allá. La mistagogia no es solo para los nuevos miembros de la Iglesia, sino para todos nosotros. Esta formación continua, que lleva toda la vida, es una iniciación en la revelación que Dios hace de sí. Es un proceso de crecimiento en la fe por medio de la oración, el aprendizaje y la práctica con otros creyentes. En la sección de la encíclica *Sacramentum Caritatis* titulada "Catequesis mistagógica", el Papa Benedicto XVI nos recuerda que la mistagogia se enfoca en "el encuentro vivo y persuasivo con Cristo, anunciado por auténticos testigos. En este sentido, el que introduce en los misterios es ante todo el testigo" (#64). Durante esta etapa del proceso, se guía a las personas hacia una mayor profundidad en la vida cristiana por medio de la vida sacramental de la Iglesia, de la oración, hasta que ellas mismas se convierten en agentes de la actividad misionera. Se resalta el deseo de permanecer unidos con Jesús por medio de la vida sacramental de la Iglesia.

5. **Catequesis permanente o continua:** Por último, y solo al final del proceso, se ofrece a las personas una presentación sistemática de las verdades de la fe. Esta etapa es permanente porque sigue alimentando la fe por medio de un estudio más profundo, y propicia la conversión constante y continua. La catequesis permanente siempre atañe a la actividad misionera de modo que otros puedan ser invitados al proceso. Si bien la catequesis enriquece la vida de las personas en cada etapa de su desarrollo, la catequesis continua se orienta sobre todo a la catequesis de adultos, que es un proceso para toda la vida. La catequesis continua incluye una comprensión más profunda de las Sagradas Escrituras, la oración y la catequesis tanto litúrgica como sacramental, una formación espiritual más profunda y un examen exhaustivo de la doctrina social de la Iglesia católica.

Luego de esbozar estas etapas, durante las prácticas de los catequistas, una catequista se me acercó y me dijo que finalmente había entendido por qué su hija no leyó el libro que le había regalado, ni miró la serie de ocho temporadas en DVD que a ella le había resultado tan interesante. Ella había supuesto que su hija estaba en la etapa de catequesis inicial cuando todavía estaba en la etapa de preevangelización. Ahora que tenía todo más claro, lo haría mejor. Se adaptaría a la etapa que su hija estaba transitando y pasaría más tiempo escuchando y caminando con ella en lugar de tratando de enseñarle.

La actividad para imprimir de este capítulo incluye un resumen de las etapas y metodologías más adecuadas para el público particular en cada etapa del proceso.

Aspira a lograr más intimidad

La visión para la catequesis está ligada al mandato misionero de la Iglesia. En cuanto a la sinfonía catequética que estamos dirigiendo, la "partitura" con la que tocamos se centra en tres movimientos esenciales.

1. intimidad con Cristo
2. intimidad con la Iglesia
3. intimidad con la Palabra

- **Intimidad con Cristo**

  En *Catechesi Tradendae*, san Juan Pablo II afirma que "el fin definitivo de la catequesis es poner a uno no sólo en contacto sino en comunión, en intimidad con Jesucristo: sólo Él puede conducirnos al amor del Padre en el Espíritu y hacernos partícipes de la vida de la Santísima Trinidad" (*Catechesi Tradendae, Sobre la catequesis en nuestro tiempo*, #5). La afirmación de que la catequesis debería promover la intimidad con Cristo es audaz: muchos de nosotros podemos sentirnos un tanto incómodos al describir nuestra relación con Cristo de esta manera. Parte de esa incomodidad puede surgir debido a que asociamos la palabra intimidad con intimidad física o sexual. Pero la verdadera intimidad va mucho más allá. La intimidad emocional, la física y la espiritual están conectadas entre sí, y juntas constituyen la esencia de nuestras relaciones con los demás y con Cristo.

  Por desgracia, en nuestra cultura y, sobre todo, entre los jóvenes, la intimidad se considera cada vez más como algo que puede comprarse, venderse o comerciarse. Las aplicaciones para citas que promueven una cultura de "encuentros casuales" alimentan la mentalidad consumista según la cual es perfectamente aceptable tener intimidad sexual con personas que no conocemos. Lo que ha sido etiquetado como un modo rápido de tener intimidad con alguien, claramente no es intimidad en absoluto.

  Por el contrario, la Iglesia enseña que la intimidad es una realidad sagrada que crece y se profundiza poco a poco, a lo largo del tiempo, con trabajo arduo hecho a conciencia y mucha dedicación. Lo mismo se aplica a nuestra relación con Jesucristo: primero tenemos un encuentro con él y después llegamos a conocerlo más a fondo. A medida que nuestra relación crece, también crece nuestra intimidad con él. Esta es la función indispensable que la catequesis tiene en todo el proceso de evangelización: encuentra a las personas allí donde están en su búsqueda de Cristo y las ayuda a entender más profundamente quién es él y qué pide de ellas. La catequesis crea intimidad con Cristo. No hay mejor manera de tener intimidad con Jesús que a través de la oración y los sacramentos. Cuando nuestros corazones se elevan a Dios, no hay modo de escondernos de él: estamos totalmente vulnerables y abiertos a él.

- **Intimidad con la Iglesia**

  ¿Cuántas veces has escuchado a alguien decir: "No necesito ir a la iglesia, puedo hablar con Dios mientras doy un paseo en el bosque o sentado a orillas de un lago"? Hay algo muy hermoso en lo profundo de este sentimiento: que Dios puede estar presente y accesible para nosotros, sin importar dónde nos encontremos. Esto es sin duda una parte importante de la vida cristiana, pero no es la única manera, ni siquiera la más importante, de crecer en nuestra relación con Dios. Dios nos ha dado el don de una familia en su Iglesia pues sabe cuánto necesitamos unos de otros para vivir las exigencias del Evangelio.

  Nosotros no somos islas; más bien, pertenecemos a un continente de creyentes en todo el mundo. La injusticia, las guerras, la muerte y el hambre afectan a todas las personas, y "si un miembro sufre, sufren con él todos los miembros; si un miembro es honrado, se alegran con él todos los miembros" (1 Corintios 12:26). Dios tuvo intimidad con su pueblo al convertirse en uno de nosotros a través de Jesucristo, que se hizo carne. Es cierto que podemos hablar con Dios dondequiera que elijamos, pero no existe una manera más íntima de encontrarnos con Dios que en la Eucaristía, la cual celebramos con otras personas. Jesús se nos hace mucho más profundamente personal e íntimo por medio de su Cuerpo, de la Eucaristía y de su Cuerpo Místico, la Iglesia.

La Iglesia, el Pueblo de Dios, es la materialización del don de comunión que Dios nos da en Cristo. Es el entorno natural para la catequesis pues logra lo siguiente:

1. Proporciona el escenario principal para la proclamación de la Buena Nueva.

2. Nos alimenta en las Sagradas Escrituras.

3. Recibe e invita a todo aquel que busca amar y conocer al Señor.

4. Facilita la conversión y el discipulado.

5. Es el marco para la celebración de los sacramentos.

6. Forma a las personas para dar testimonio misionero en el mundo.

7. Da forma a la predicación misionera que despierta la fe.

8. Ayuda con exámenes oportunos y razones para creer.

9. Comunica los elementos esenciales de la vida cristiana.

10. Inculca pasión por la unidad de todos los cristianos.

11. Nos recuerda el sufrimiento que soportan nuestros hermanos y hermanas perseguidos en todo el mundo.

- **Intimidad con la Palabra**

Una vez mi madre me llamó para alabar las virtudes de cierto libro que ella estaba leyendo. "Puedo abrirlo en cualquier página, y siempre tiene una forma de hablarme directamente a mí", me dijo. Animé a mi madre a abandonar el libro y a buscar una Biblia. Cuando regresó, le pedí que hiciera una breve oración y que le dijera a Dios qué era lo que más le pesaba en el corazón y que luego abriera el Nuevo Testamento y leyera. El pasaje que leyó por teléfono ese día era de 2 Timoteo 4:7: "He peleado el buen combate, he terminado la carrera, he mantenido la fe". Para una mujer que en esos momentos luchaba contra el cáncer, este mensaje de Dios fue un verdadero regalo para ella. "Jamás antes había leído la Biblia de esta manera", me dijo mi madre. "Yo tampoco. Jamás antes habíamos leído la Biblia juntas", le respondí.

Para muchos católicos que están en busca de algo, la Palabra de Dios ofrece consuelo, sanidad y esperanza. La Biblia puede afirmarnos y animarnos, pero también nos desafía. Adopta el hábito de leer la Biblia todos los días, pero cuando te enfrentes con una cuestión o un desafío, considera también abrir la Biblia en los Salmos o los Evangelios, por ejemplo. Siempre podemos hallar una forma de integrar la Palabra de Dios en todo lo que hacemos.

La revelación es la forma en la que Dios nos habla. La revelación que Dios hace de sí nos permite conocer el misterio de su voluntad y la invitación a participar de su vida divina. En la creación y en el misterio de su Hijo, Jesucristo, Dios se nos revela en su Palabra, en el mundo y en la Iglesia, por medio del Espíritu Santo. Transmitir esta revelación divina es la obra principal de la Iglesia. La Sagrada Tradición y las Sagradas Escrituras, en conjunto, constituyen un solo "depósito de la fe", que es custodiado por el Magisterio de la Iglesia, la autoridad en materia de enseñanza de la Iglesia. No puede cambiarse, pues proviene de Cristo mismo. "Por consiguiente, la palabra de Dios —contenida y transmitida en la Sagrada Escritura y la sagrada Tradición e interpretada por el Magisterio— es la fuente principal de la catequesis" (*DNC*, #18). La catequesis siempre debería basarse en las Sagradas Escrituras y en la Tradición. Estas son nuestras fuentes principales para la iniciativa catequética. Otras fuentes de sustento de la catequesis son:

- la adoración litúrgica
- la reflexión sobre la Palabra de Dios
- la vida de los santos
- el testimonio de los cristianos
- la justicia social
- la promoción de los valores morales del Evangelio

La sinfonía de la fe: la música de la catequesis

"La fe nace de la predicación, y lo que se proclama es el mensaje de Cristo" (Romanos 10:17). Estas célebres palabras de san Pablo nos recuerdan la responsabilidad de la Iglesia de transmitir la enseñanza y la práctica de la fe. Cada generación depende de la anterior para transmitir los dones de la fe. La música que conduce la vida parroquial no es una nota aislada, sino una sinfonía de enseñanzas. Consideremos algunos de los "instrumentos" esenciales de esta sinfonía, algunos textos fundamentales de nuestra fe. Como líder catequético, estar familiarizado con estos "instrumentos" te ayudará a crear la bella música del Evangelio en tu parroquia.

Directorio General para la Catequesis

El Concilio Vaticano Segundo encomendó el desarrollo y la publicación de una guía exhaustiva que estableciera los principios fundamentales y la organización de la misión catequética de la Iglesia en nombre de los niños, los jóvenes y los adultos. El 11 de agosto de 1997, san Juan Pablo II aprobó la publicación del *Directorio General para la Catequesis (DGC)* como norma e instrumento de la Iglesia para cumplir su responsabilidad fundamental de enseñar la fe. Estableciendo el proceso de evangelización y el lugar de la catequesis dentro de ese proceso, el *DGC* sigue siendo una herramienta indispensable para todos aquellos que participan en el ministerio catequético. Como recurso complementario del *DGC*, el *Directorio Nacional para la Catequesis (DNC)*, publicado en 2005, se basa en los temas centrales del *DGC*, entre ellos los retos para el ministerio catequético en los Estados Unidos, las oportunidades de crecimiento y la relación entre la catequesis, la evangelización y la liturgia. De muchas formas, puede decirse que el *DGC* y el *DNC* abordan el *cómo* de la catequesis.

Catecismo de la Iglesia Católica

Los años que siguieron al Concilio Vaticano Segundo fueron de un intenso interés y una profusa actividad en el ministerio de la catequesis, que culminó con la publicación del *Catecismo de la Iglesia Católica* (*CIC*) el 11 de octubre de 1992 a cargo de san Juan Pablo II. El *CIC* es una declaración exhaustiva de la fe de la Iglesia y de la doctrina católica avalada o iluminada por las Sagradas Escrituras, la Tradición apostólica y el Magisterio de la Iglesia para toda la Iglesia universal. No es simplemente un libro de referencia doctrinal, sino una recopilación de las verdades de la fe. Incluye los escritos de los Padres de la Iglesia, los Doctores de la Iglesia y los santos de la Iglesia. El *CIC*, al que san Juan Pablo II solía describir como la "sinfonía" de nuestra fe, se articula en torno a cuatro aspectos fundamentales del misterio cristiano, a los que denominamos los cuatro pilares de la fe católica. En pocas palabras, estos cuatro pilares de la fe suelen conocerse como el Credo, los sacramentos, la moral y la oración.

1. **El Credo, la profesión de fe:** la creencia en el Dios trino y su plan de salvación en Jesucristo
2. **Los sacramentos, la celebración de la liturgia:** la celebración de la obra salvadora de Cristo en la vida sacramental
3. **La moral, forma cristiana de vida:** una vida vivida en Cristo
4. **La oración:** la expresión de la fe cristiana

El TOP 10 de la música catequética

Como líder catequético, eres parte de un legado más grande de ministros catequéticos que se puede rastrear hasta llegar a Cristo mismo, el maestro de maestros. La tarea que se nos ha encomendado (compartir nuestra fe católica con los demás) es un gran privilegio, una gran responsabilidad y un gran don. Para realizar bien nuestra labor como ministros catequéticos debemos equilibrar e integrar estos tres aspectos de la fe.

- A "quién" presentamos (Jesús)
- "Qué" presentamos (contenido)
- "Cómo" lo presentamos (metodología)

Si nos aseguramos de que esos tres aspectos trabajen siempre en conjunto, las personas a quienes evangelicemos y catequicemos quedarán profundamente influenciadas por la Buena Nueva.

Una manera de equilibrar estos aspectos de la fe es hacer y utilizar una "lista" de música catequética. Tal lista debería incluir siempre ciertas "canciones" para que se considere completa. Según el *Directorio General para la Catequesis*, tu lista de canciones catequéticas debería:

1. **Centrarse en Jesucristo.** En el centro de la catequesis y en el corazón de la evangelización está Jesús. La catequesis que se centra en la Persona de Cristo, es decir, "cristocéntrica", presenta el mensaje del Evangelio como la Palabra de Dios, divinamente revelada a los autores humanos por el Espíritu Santo.

2. **Enfocarse en la dimensión trinitaria del mensaje del Evangelio.** La fuente del mensaje cristiano es la Palabra de Dios Padre, encarnada en Jesucristo, dirigida al mundo por medio del Espíritu Santo.

3. **Proclamar la Buena Nueva de la salvación y la liberación del pecado.** La Buena Nueva del Reino de Dios incluye el mensaje del perdón de los pecados.

4. **Emanar de la Iglesia y conducir a ella.** Somos una fe, un bautismo y un cuerpo, y reconocemos a un solo Dios, quien es Padre y Señor de todo.

5. **Tener un carácter histórico.** Jesús y los acontecimientos de su vida son realidades históricas que constituyen una memoria constante de la Iglesia.

6. **Procurar la inculturación del mensaje para preservar su dignidad y pureza.** El Evangelio es para todas las personas de todas las edades de todas las culturas. Presentar las verdades del *Catecismo* en distintas regiones del mundo requiere la adaptación de los métodos catequéticos debido a diferencias de cultura, edad, madurez espiritual y otras condiciones sociales. Llevar el poder transformador del Evangelio a todas las personas también implica preservar cuidadosamente el mensaje del Evangelio.

7. **Respetar la jerarquía de las verdades.** Las distintas verdades de la fe se organizan en torno a las verdades centrales de la doctrina católica y se ordenan en consecuencia.

8. **Resaltar la dignidad de la persona humana.** La catequesis revela no solo quién es Dios, sino también quiénes somos nosotros. Al buscar sentido para nuestra vida, miramos a Cristo, que transmitió un profundo amor por cada persona.

9. **Propiciar un lenguaje común en la fe.** Las fórmulas y oraciones conocidas de la fe son necesarias para transmitir la fe de una generación a otra y de una persona a otra dentro de una cultura.

Ahora que tienes el Top 10 de música para la catequesis, el "qué" de la catequesis, pasaremos al próximo capítulo para concentrarnos en la manera en la que presentamos la fe: el "cómo" de la catequesis. Comenzaremos por la "pedagogía divina", el método que Dios usa para enseñar a su pueblo, y luego contemplaremos cómo podemos usar su método de enseñanza en nuestro propio ministerio.

Resumen: ¡Continuemos sin desmayar!

No nos cansemos de hacer el bien, que a su debido tiempo cosecharemos sin fatiga. (Gál 6:9)

Hay momentos en los que todo líder catequético ha pensado en rendirse. A veces la música de la vida parroquial puede sonar un poco desafinada. Nuestros propios ministerios pueden volverse "monótonos" a medida que volvemos una y otra vez a las mismas lecciones. Pero recuerda: ser catequista y líder catequético es una vocación. Dios te ha llamado para dar voz al amor de Cristo, a las enseñanzas de la Iglesia y a la Palabra de Dios en el mundo. A veces nuestra voz es débil y disonante, y a veces es fuerte y armoniosa. Detrás de ti como catequista hay dos mil años de bella música catequética que ha tocado el corazón de las personas. No temas ejecutar una melodía distinta o cantar una nueva canción de vez en cuando. Lo importante es no rendirse. ¡Sigue adelante, sigue dando voz a Cristo!

Para reflexionar y conversar

- Dentro del proceso general de evangelización, ¿qué áreas debo fortalecer en mi ministerio? ¿Qué áreas debo afinar?
- ¿Hay áreas de la enseñanza de la Iglesia que debo estudiar más? ¿Por qué?

Madurar como líder catequético

"El don más precioso que la Iglesia puede ofrecer al mundo de hoy, desorientado e inquieto, es el formar unos cristianos firmes en lo esencial y humildemente felices en su fe" (*Catechesi Tradendae*, #61). En Jesús, los discípulos encontraron una alegre certeza acompañada de una evidente humildad. A veces asumimos demasiadas responsabilidades en nuestro ministerio y terminamos sintiéndonos agotados. A veces dependemos demasiado de nuestros propios dones y no aprovechamos los talentos de los demás. Dedica algo de tiempo a reflexionar sobre las palabras *alegría* y *humildad*. ¿Cómo puedes convertirte en una persona más humilde y más alegre?

Visita www.loyolapress.com/lce para acceder a la hoja de ejercicios.

Acción sugerida

"Los catequistas son mis personas favoritas. ¿Por qué? Porque son intencionales en cuanto a su fe de una manera en que muchos católicos no lo son. Los catequistas son muy conscientes del llamado a vivir y predicar el Evangelio con hechos y con palabras. Tienen hambre de aprender. Están ansiosos por entusiasmar a otros con su fe para que se entusiasmen de la misma forma que ellos. ¡Y a los catequistas les gusta divertirse!" [v.d.t.] (*The Catechist's Journey* [El viaje del catequista], Joe Paprocki, 12 de diciembre de 2006). Los líderes catequéticos y los catequistas son excelentes a la hora de procurar alimento espiritual, tanto para ellos como para otros. Piensa en el momento en el que te convertiste en líder catequético. ¿Recuerdas el fuego y el hambre que sentías? ¿Sientes aún hoy esa hambre, especialmente esa hambre de aprender? Identifica dos cosas que te hayan quitado esa hambre. ¿Qué acciones realizarás para minimizar o eliminar esos factores así poder seguir satisfaciendo tu amor por aprender?

Recursos adicionales

En español

Catechesi Tradendae (Sobre la catequesis en nuestro tiempo). San Juan Pablo II (Roma: Librería Editrice Vaticana, 1979).

Directorio General para la Catequesis (Washington, D.C.: Conferencia de Obispos Católicos de los Estados Unidos, 1998), Capítulo 2.

Directorio Nacional para la Catequesis (Washington, D.C.: Conferencia de Obispos Católicos de los Estados Unidos, 2005) en especial los números 15–25.

6

El "cómo" de la catequesis: pedagogía divina, metodología humana y las seis tareas de la catequesis

"El profesor Palabra y Pizarra"

Tuve un profesor en la universidad que hablaba con voz monótona, sin inflexión ni dinámica. ¡Nos deseaba feliz Navidad con el mismo tono con que pasaba lista! Jamás se salía del libreto, salvo para escribir algunas palabras en la pizarra, lo que le ganó el mote de "profesor Palabra y Pizarra". Por más atención que intentaba poner en su clase, me costaba mucho mantenerme despierta.

Como ministros catequéticos, podemos tener los recursos más dinámicos y atractivos a nuestro alcance, pero si presentamos el material de una manera seca y poco inspiradora, es poco probable que logremos cautivar los corazones de nuestro público. En lo que respecta a la catequesis, no podemos separar el contenido de la metodología. Como líderes catequéticos, es nuestra responsabilidad asegurarnos de que nuestros catequistas presenten el contenido de una manera fiel *y* eficaz para estimular a quienes lo reciben. En este capítulo exploraremos lo que yo llamo los "4, 8 y 6": los cuatro componentes de la pedagogía divina, las ocho metodologías eficaces que sirven de guía para nuestros esfuerzos catequéticos y las seis tareas de la catequesis. Son muchos números, así que ¡andando!

Los cuatro componentes de la pedagogía divina

La palabra *pedagogía* viene del griego y significa "dirigir al niño". La manera en la que Dios nos habla (revelación) constituye su propia pedagogía y metodología, que a su vez debe formar, informar y transformar nuestros propios esfuerzos catequéticos. Dios nos revela qué debemos enseñar, cómo debemos recibir esta enseñanza y cómo nosotros, como catequistas, somos parte de este proceso que denominamos "pedagogía divina".

¿Cómo es la pedagogía de Dios y cómo informa a la catequesis? La clave para la pedagogía divina es la relación: la relación del Padre, del Hijo y del Espíritu Santo entre sí. Por medio de la amorosa comunión de la Santísima Trinidad, Dios nos revela su plan, la salvación de todas y cada una de las personas, lo cual sirve como fuente y modelo para toda la pedagogía de fe.

He aquí los cuatro componentes de la pedagogía divina:

- **El Padre: Creador y Artista**
  Una de las primeras cosas que aprendemos en la Biblia es que Dios es un creador y un artista. Dios creó la tierra de un vacío sin forma, y puso orden en el caos de la nada. La motivación para la creación provino de la esencia misma de Dios, que es bondad y

amor. Dios Padre entabló una relación con nosotros por medio de su eterna Palabra, hecha carne en Jesucristo, y por el acto de la creación. La manifestación o revelación suprema del amor de Dios se realiza por medio de su Hijo, Jesucristo.

- **Jesucristo: el Maestro de maestros**
  Jesús formó a sus discípulos por medio de su relación con ellos: rezó por ellos, los llamó y los invitó a estar con él, caminó con ellos, compartió historias con ellos, les enseñó, los desafió y los amó. "Les envió de dos en dos a prepararse para la misión" (*DGC*, #137) para servir al mundo. Los métodos de Jesús eran diversos y multidimensionales, según le hablara a una multitud o a una sola persona. En sus parábolas revelaba complejidades acerca del misterio de Dios y de la naturaleza humana. Utilizó todos los medios y métodos, entre ellos los naturales, como calmar la tormenta, para cumplir su misión redentora. Las características esenciales de cómo enseñaba Jesús incluyen:

  1. Recibir a otros, sobre todo a los perdidos, a los últimos y a los más pequeños.
  2. Proclamar el Reino de Dios como la plenitud de la verdad y el amor de su Padre.
  3. Hacer énfasis en el profundo y, a la vez, compasivo amor del Padre, que propicia la vida y la liberación de la esclavitud del pecado.
  4. Invitar a llevar una nueva vida, sustentada por la fe en Dios y la caridad hacia el prójimo.
  5. Usar todos los métodos para motivar a las personas: silencio, diálogo, metáforas, historias, parábolas y el ejemplo.

- **El Espíritu Santo: ¡Levántate y sacúdete!**
  La acción del Espíritu Santo continúa la pedagogía de Dios. El Espíritu Santo es quien da vida y anima a la Iglesia y dirige su misión. Como discípulos, somos guiados por el Espíritu Santo,

quien permanece con nosotros y nos da los dones que nos
permiten vivir una nueva vida en Cristo. No podemos creer en
Jesucristo sin participar de su Espíritu. Es el Espíritu Santo quien
revela al mundo quién es Jesús. Sin el Espíritu Santo, el
animador divino, careceríamos de espíritu; es el Espíritu Santo
quien nos despierta, nos sacude y nos da el fervor y la motivación
para compartir nuestra fe con el mundo.

- **La Iglesia: una comunidad de amor**
  La Iglesia sigue utilizando la pedagogía y los métodos de Dios
  para formar a sus miembros. Siempre procurando las maneras
  más fructíferas de anunciar la Buena Nueva, la Iglesia propone y
  vuelve a proponer el Evangelio pero no se impone a ninguna
  persona ni cultura. La Iglesia busca atraer al mundo para Cristo y
  refleja la propia metodología de Dios para comunicar la fe, de
  modo que pueda "condicionarse a las circunstancias y a la
  situación de fe del que recibe la catequesis" (*DGC*, #118). La
  Iglesia misma es una catequesis viviente.

  Inspirados por la pedagogía divina, nuestros esfuerzos
  catequéticos deberían enfocarse en las siguientes metodologías
  centrales:

  - Resaltar el amor de Dios por cada persona y la libre respuesta
    de la persona a Dios.
  - Aceptar la naturaleza gradual y progresiva de la revelación, la
    naturaleza de la Palabra de Dios y su adaptación a las
    diferencias entre las culturas y las personas.
  - Ubicar a Cristo en el centro de todos los esfuerzos
    catequéticos.
  - Valorar la experiencia de fe de la comunidad.
  - Arraigarse en las relaciones interpersonales y en el proceso de
    diálogo.

- Utilizar símbolos que vinculen las palabras y los hechos con la enseñanza y la experiencia.
- Dar testimonio de la verdad y obtener poder de la verdad revelada por el Espíritu Santo.

La Iglesia no se concentra en una determinada metodología humana en detrimento de otras; todas trabajan en conjunto para transmitir tanto el contenido de todo el mensaje cristiano como la fuente de ese mensaje, el Dios Trino. Una metodología no es más importante que la otra. Mi profesor pudo haber utilizado una variedad de estrategias para animar su clase, como narrar historias, apelar a preguntas y respuestas, o utilizar recursos multimedia, por ejemplo, pero, en cambio, prefirió seguir con su método predilecto de hablar y escribir en la pizarra. Como consecuencia, su clase no resultó todo lo fructífera que podría haber sido. Como ministros, debemos desplegar una variedad de métodos para sustentar nuestros esfuerzos catequéticos en lugar de simplemente repetir aquellos que nos resultan más cómodos.

Los ocho elementos de la metodología humana

La Iglesia resalta ocho elementos de la metodología humana. Veamos cuáles son.

1. **La experiencia humana**

   Jesús utilizó experiencias e imágenes ordinarias de la vida cotidiana, como por ejemplo pescar, sembrar, cultivar, cosechar y pastorear, para crear una conexión entre los conceptos complejos sobre el Reino de Dios y el mundo. Los catequistas más eficaces hacen lo mismo.

   Cuando aprendemos algo nuevo, comenzamos con nuestra experiencia vivida y relacionamos lo conocido con lo desconocido. Tratamos de darle sentido al mundo que nos rodea haciendo asociaciones entre este y lo que nos es familiar y real.

2. Aprender por medio del discipulado

Aprendemos a ser discípulos en nuestro propio tiempo, lugar y circunstancias, pero los discípulos que nos precedieron nos sirven de guía. Nuestro primer y mejor modelo de discipulado es María. Nos fijamos en ella para ver cómo también nosotros podemos ser ejemplo de una entrega y un abandono absolutos a la voluntad de Dios.

Incluso los miembros más jóvenes de la fe pueden imitar el ejemplo y el testimonio vivo de los buenos modelos. Los catequistas a menudo preguntan si es posible que los niños se conviertan en discípulos. La respuesta es: ¡por supuesto que sí! Si bien no suelen tener la capacidad de entender y articular principios complejos, sí tienen "una capacidad única para absorber y celebrar las verdades más profundas de la fe" (*DNC*, #29b). En el libro *Querido Papa Francisco* (Loyola Press, 2016), niños de todo el mundo le hacen preguntas al Papa Francisco, y el Papa responde. Las preguntas planteadas muestran una profundidad notable. Por ejemplo: "Mi mamá está en el cielo. ¿Le crecerán alas de ángel?" y "¿Cómo puedes solucionar los conflictos que hay en el mundo?". Estas preguntas hablan de una capacidad para tener fe que trasciende lo que los adultos a veces podemos imaginar.

3. El testimonio de la comunidad cristiana

La vitalidad de la catequesis y la vitalidad de una parroquia están vinculadas entre sí y dependen una de la otra. Si una parroquia no tiene vida, está estancada y no está en sintonía con las necesidades de las personas, la catequesis sufre. Las comunidades parroquiales deben acercarse a las personas y ser lugares clave, donde las personas puedan sanar, descubrir a Jesús o volver a descubrirlo.

La parroquia es llamada a ser "santuario donde los sedientos van a beber para seguir caminando, y centro de constante envío misionero" (*Evangelii Gaudium*, #28). ¿Cómo puede tu parroquia ser un santuario de misericordia, esperanza y amor donde los sedientos y los hambrientos puedan hallar alimento y agua?

4. La familia y el hogar cristianos

Sirvo como lectora en mi parroquia, y un día, cuando pasé a leer, escuché a mi hija de tres años gritar: "¡Espérame!". Y sentí que me tomaba de la mano. Tenía frente a mí dos opciones:

(1) podía acompañarla a sentarse otra vez en su asiento, con lo cual se interrumpiría el fluir de la misa y se corría el riesgo de motivar un berrinche de proporciones épicas que afectaría aún más el proceso, o (2) podía seguir adelante y leer con ella a mi lado. Elegí lo segundo. Mientras proclamaba las Sagradas Escrituras, Ava permaneció en silencio, y excepto un saludo discreto con la mano a algunos amigos, se comportó bien. Después de la misa, me acerqué al sacerdote y me disculpé por la situación. Con un guiño de ojo, me aseguró que no había nada de qué disculparse. Me recordó que es con pequeños testimonios como estos que las familias y la Iglesia han transformado a observadores pasivos en participantes activos en la fe. Esta historia nos recuerda que, por naturaleza, los niños miran a sus padres, quienes son sus primeros modelos y testigos de la fe. También nos desafía a pensar nuevas maneras de ayudar a los padres a aceptar este papel.

5. El testimonio del catequista

Al lado del hogar y de la familia, el catequista tiene un lugar primordial en cada etapa del proceso catequético. En nuestro libro *La mochila del catequista* (Loyola Press, 2015), Joe Paprocki y yo recordamos a los catequistas que "el verdadero llamado es vivir en la imagen de Dios que es, en esencia, una comunidad de amor: Padre, Hijo y Espíritu Santo. En todo lo que hacemos como catequistas, nuestro objetivo es iniciar y enseñar a otros en la vida de la comunidad de fe. Es nuestra responsabilidad, por lo tanto, saber lo que la Iglesia enseña y nos ha confiado transmitir" (18). Por medio de nuestra enseñanza y nuestro comportamiento manifestamos quiénes somos y qué es lo que hacemos. La catequesis debería reflejar las palabras de Jesús, quien dijo: "Mi enseñanza no es mía, sino del que me envió" (Juan 7:16).

6. **Aprender de memoria**

La fe católica se ha transmitido oralmente, por medio de historias y situaciones compartidas de una generación a otra. Por ejemplo, durante la época de las Leyes Penales de Irlanda, que rigieron desde principios del siglo XVII hasta principios del siglo XIX, estaba prohibido practicar la fe católica o leer o escribir libros sobre el catolicismo. Durante estos tiempos dolorosos, los irlandeses recurrieron a la memorización para transmitir la fe. Aun en situaciones que no son tan extremas, los católicos se sirven de la memorización de ciertas fórmulas, oraciones y enseñanzas básicas, entre ellas hechos concretos sobre la Iglesia, partes de la misa y listas de los sacramentos y los dones del Espíritu Santo, por ejemplo. Este aprendizaje de memoria es una de las características de vivir en una Iglesia universal y ocupa un lugar importante en el proceso catequético. No obstante, nunca debemos preocuparnos por memorizar la información al punto de olvidar que el objetivo es asimilar y no solo repetir. Recitar fórmulas de memoria nunca reemplazará la comprensión ni la conversión.

7. **Aprender por medio de la vida cristiana**

Si devoraste libros sobre fútbol pero jamás jugaste un solo partido en un equipo, difícilmente podrías considerarte un jugador de fútbol o experto en ese deporte. La práctica es necesaria para cualquier disciplina en la vida, y la fe no es la excepción. Aprendemos nuestra fe viviendo nuestra fe cristiana. La práctica privada y el testimonio público de los cristianos son necesarios para poder vivir nuestro llamado bautismal para santificar el mundo. Los catequistas y los líderes catequéticos cumplen con una función importante e indispensable al ser ejemplos de lo que es una relación viva con Cristo y la Iglesia.

8. **La formación por medio del aprendizaje**

En la Iglesia de los primeros siglos, la formación en la fe estaba en el centro del proceso de discipulado. El *Directorio General para la Catequesis* afirma que la catequesis es "un aprendizaje de toda la vida cristiana" (*DGC*, #67). A quienes ingresaban en la Iglesia de los primero siglos se les asignaba un mentor, es decir, un maestro catequista para guiarlos y caminar con ellos. La disposición para convertirse en miembro pleno de la Iglesia era evaluada tanto por el maestro como por el aprendiz, sin tener en cuenta las restricciones de tiempo. Los maestros catequistas tenían el objetivo de equilibrar el crecimiento personal del creyente con la transmisión del mensaje cristiano. En el próximo capítulo estudiaremos más a fondo el modelo de formación de la catequesis a través del lente del proceso de catecumenado.

Ahora que hemos estudiado las ocho metodologías humanas, quisiera mencionar una estrategia adicional para la evangelización y la catequesis, una que los obispos de los Estados Unidos admiten es de vital importancia: el uso de la tecnología de comunicación social.

"Tuiteo, por lo tanto existo".

La catequesis eficaz emplea diversas estrategias para transformar nuestras parroquias en comunidades evangelizadoras de discipulado para toda la vida. Debemos ofrecer amplias oportunidades para que los jóvenes y adultos puedan entender en qué creemos y por qué lo creemos, pues otras voces y otras fuerzas dentro del mundo secular están influyendo sobre las personas y haciendo que crean y obren fuera de la fe. Un ejemplo de esas poderosas fuerzas son las redes sociales, que están dando forma y cambiando nuestro mundo, y fuera de las cuales muchos jóvenes no tienen experiencia del mundo. Los medios de comunicación y las redes sociales se han convertido en una herramienta especialmente importante para la evangelización y la catequesis, y no son opcionales. Ahora más que nunca debemos reflejar a Cristo en las redes sociales. Consideremos ahora la obra, o las tareas reales, de la catequesis. Nuestros esfuerzos catequéticos se inspiran en la manera en la que Jesús enseñaba a los discípulos y cómo los ayudaba a entender las distintas facetas del Reino de Dios. Detrás de todos nuestros planes de estudio, recursos y libros de texto existe un marco que guía la catequesis. Para ayudar a nuestros estudiantes a convertirse en discípulos cristianos maduros, debemos trabajar dentro de un marco unificado, que los obispos denominan las "seis tareas de la catequesis".

Las seis tareas de la catequesis

"Todo lo que hay que hacer es dar información sobre la Iglesia católica", dijo un padre a una directora de educación religiosa llamada Amy. "No veo cómo tratar asuntos de moral sea útil o importante para la formación de la fe; solo enséñenles lo que deben saber", dijo el padre. Aunque respetuosa de la función de los padres como los primeros educadores en la fe, Amy le informó a este padre que existían seis maneras relacionadas entre sí y a la vez complementarias en las que la catequesis prepara a los estudiantes para la vida cristiana. Al igual que la catequesis, la conversión es un camino de toda la vida, y las "seis tareas" son dimensiones de una vida vivida con Jesús. Cuanto más lo conocemos, tanto más lo amamos; y cuanto más lo amamos, tanto más deseamos conocerlo.

He aquí las seis tareas.

1. **El conocimiento de la fe**

   Muchos piensan que la catequesis tiene que ver solo con un conocimiento académico de la fe. Pero esta tarea en realidad está orientada a profesar la fe católica, que es el contenido de la revelación de Dios hallada en las Sagradas Escrituras y la Sagrada Tradición y vivida en el Credo y en la doctrina de la Iglesia, y a reflexionar sobre ella. El conocimiento de la fe es la expresión de la Tradición viva de la Iglesia, que proviene de Cristo mismo y es transmitida por los apóstoles con la ayuda del Espíritu Santo.

2. **La liturgia y los sacramentos**

   La educación litúrgica no solo incluye enseñar sobre la forma y el significado de los sacramentos y las celebraciones litúrgicas, sino también sobre cómo ayudar a las personas a preparar su mente y su corazón para entrar en los misterios de la fe.

3. **El testimonio misionero**

   La misa concluye con las siguientes opciones de despedida, lo que deja bien en claro que somos enviados en una misión:

   - "Pueden ir en paz".
   - "La alegría del Señor sea nuestra fuerza. Pueden ir en paz".
   - "Glorifiquen al Señor con su vida. Pueden ir en paz".

Nuestra respuesta es siempre la misma: "¡Demos gracias a Dios!".
¿Qué más podemos hacer sino glorificar y dar gracias a Dios, que
nos envía a dar testimonio en nuestros hogares, nuestros lugares
de trabajo y nuestras comunidades?

La misa concluye, pero es entonces cuando comienza nuestra
obra en el mundo.

4. **La educación en la comunidad cristiana**
   Previamente hablamos sobre el hecho de que "no somos islas" y
   que ningún católico se forma en el vacío. La educación para la
   vida en comunidad prepara a las personas para vivir y participar
   en la vida y la misión de la Iglesia, el Cuerpo de Cristo y la
   comunidad de creyentes, como se expresa en el origen, la historia
   y la eclesiología de la Iglesia, y en la Comunión de los Santos y
   su familia, la iglesia doméstica. El ejemplo de Jesús, a través de
   sus palabras "como yo los he amado: ámense así unos a otros"
   (Juan 13:34), nos da el método y la inspiración para la formación
   en la vida en comunidad.

5. **Aprender a orar**
   El *Directorio General para la Catequesis* dice que "cuando la
   catequesis está penetrada por un clima de oración, el aprendizaje
   de la vida cristiana cobra toda su profundidad" (#85). La oración
   es un diálogo entre una persona y Dios, y supone hablar,
   escuchar, compartir y confrontar nuevas perspectivas e ideas. Una
   dieta espiritual saludable supone distintos tipos de oración.

6. **La formación moral**
   La enseñanza moral de Jesús, que es el cumplimiento de los
   Mandamientos, significa aprender a aplicar estas enseñanzas a
   nuestra vida cotidiana. Se nos alienta a desarrollar una conciencia
   moral conformada a Cristo, informada por las enseñanzas de la
   Iglesia y modelada en una vida recta y virtuosa.

2, 4, 6, 8. . . ¿a quiénes integramos nosotros?

Este capítulo se ha concentrado en los cuatro componentes de la pedagogía divina, las seis tareas de la catequesis y las ocho metodologías humanas. ¡Quizás sientas que la cabeza te da vueltas después de leer gran parte de este capítulo! En lugar de considerar estas piezas como partes individuales, concéntrate en lo básico. La catequesis está moldeada de la misma forma en que Dios habla y, como resultado, tiene múltiples facetas y nos prepara para toda la vida. Los jóvenes suelen cantar *2, 4, 6, 8, ¿a quién apreciamos nosotros?* al final de un evento deportivo. En lugar de solo apreciar nuestra fe y el don del proceso catequético, nuestro canto debería ser: "2, 4, 6, 8. . . ¿a *quién* integramos nosotros?".

La fe es mucho más que apreciar y admirar; es integrar a nuestra vida tanto a una persona como un mensaje. En el corazón de nuestra fe está el misterio de las relaciones, un misterio que se encarna en el diseño de nuestra liturgia. En el próximo capítulo exploraremos cómo la formación de la fe se basa más en la liturgia que en el mundo académico.

Resumen: Estar siempre dispuestos

Estén siempre dispuestos a defenderse si alguien les pide explicaciones de su esperanza. (1 Pe 3:15)

Un principio que debemos recordar al presentar las enseñanzas de la Iglesia es el principio de "claridad con caridad". En su totalidad, la famosa cita de Pedro dice así: "Estén siempre dispuestos a defenderse si alguien les pide explicaciones de su esperanza, pero háganlo con modestia y respeto, con buena conciencia" (1 Pedro 3:15–16). La modestia y el respeto por la otra persona son el corazón de todo lo que hacemos como ministros. Como líderes catequéticos, tenemos diversas metodologías a nuestra disposición, y se necesita un cuidadoso discernimiento para trabajar con personas en distintas etapas de su fe. ¡Qué responsabilidad tan impresionante y a la vez qué bendición se nos ha confiado!

Para reflexionar y conversar

- ¿Cuál de los ocho elementos de la metodología humana describe mejor mi ministerio? ¿Cómo puedo llegar a ser más completo?
- ¿Cuáles de las seis tareas de la catequesis son el corazón de mi ministerio? ¿Por qué? ¿En cuáles debo trabajar?

Madurar como líder catequético

"[Ser catequista] no es un título, es una actitud: estar con Él, y dura toda la vida. Se trata de estar en la presencia del Señor, de dejarse mirar por Él. Y les pregunto: ¿Cómo están ustedes en la presencia del Señor?" (Discurso del Papa Francisco a los participantes de la peregrinación de catequistas con motivo del Año de la Fe y del Congreso Internacional sobre la Catequesis, Sala Pablo VI, 27 de septiembre de 2013).

Las personas que asisten a la adoración eucarística suelen hablar de la paz que sienten al sentarse en silencio en la presencia del Señor. Pero cuando nos sentamos en silencio, contemplando y adorando a Jesús, también él nos mira a nosotros. A veces olvidamos que la adoración eucarística es una ventana bilateral, en la que se puede ver desde ambos lados. Si no has asistido a la adoración eucarística en algún tiempo, esfuérzate por hacerlo esta semana. Piensa en lo que Jesús ve cuando te ve como su hijo amado y como líder catequético.

Visita www.loyolapress.com/lce para acceder a la hoja de ejercicios.

Acción sugerida

"Para mí, la fe no es un argumento, ni un catecismo ni una 'evidencia' filosófica. Más bien es un lente, una manera de experimentar la vida, y una predisposición a actuar" [v.d.t.] (*Take This Bread: A Radical Conversion* [Toma este pan: una conversión radical], Ballantine Books, 2007, xvi). Mientras reflexionas sobre tu ministerio, identifica a un catequista o a un niño que parezca tener dificultades. ¿Qué puedes hacer para ayudar a esta persona fuera del horario normal de clase? ¿Podrías enviarle una tarjeta o un correo electrónico atento? ¿Podrías llevar un plato de comida a alguna familia que está de luto o enviar flores a alguno de tus catequistas que logró un ascenso en su empleo? Esta semana, elige a una persona por quien rezar y después obra según tu deseo de apoyar, alentar o consolar a esa persona.

Recursos adicionales

En español

Catequistas para una catequesis nueva. Emilio Alberich Sotomayor (Madrid: CCS, 2012).

La mochila del catequista: Lo indispensable para el camino espiritual. Joe Paprocki y Julianne Stanz (Chicago: Loyola Press, 2015).

Pedagogía y metodología en la catequesis. Delegación Diocesana de Catequesis de Sevilla (España: PPC Editorial, 2017).

En inglés

Catechism of the Catholic Church and the Craft of Catechesis [El Catecismo de la Iglesia Católica y el oficio de la catequesis]. Pierre de Cointet, Barbara Morgan, y Petroc Willey (San Francisco: Ignatius Press, 2008).

The Six Tasks of Catechesis: Key Principles for Forming Faith [Las seis tareas de la catequesis: principios clave para la formación de la fe]. Mary Kathleen Glavich, SND (New London, CT: Twenty-Third Publications, 2016).

The Way God Teaches: Catechesis and Divine Pedagogy [La manera en la que Dios enseña: la catequesis y la pedagogía divina]. Joseph White (Huntington, IN: Our Sunday Visitor, 2014). (Edición en español: Our Sunday Visitor, 2015).

7

Cómo se debería "sentir" y cómo debería "fluir" la catequesis: la catequesis y el catecumenado

El maestro mecánico y el aprendiz

Mi padre es mecánico y cuando yo era niña su taller estaba justo al lado de nuestra casa. Durante años tuvimos tiempo de sobra para verlo interactuar con sus clientes y notar cómo trabajaba para establecer su negocio. Mi hermano Ian pasó buena parte de su niñez observando a papá en el taller, aprendiendo cuidadosamente de mi padre mientras él, con mucha paciencia, le explicaba o le mostraba lo que debía repararse.

Por lo tanto, no nos sorprendimos cuando mi hermano nos dijo que deseaba ser mecánico. Asistió a una escuela técnica para cursar las materias necesarias y después fue aprendiz de mi padre. Finalmente se recibió y volvió a casa para trabajar con papá. Cuando hace poco alguien le preguntó a mi padre sobre la participación de mi hermano en el negocio, respondió que trabajar con autos era algo que "llevaba en la sangre". En cierto modo, es verdad, pero no es toda la historia.

El verdadero motivo por el que mi hermano se convirtió en mecánico es mi padre. Mi hermano vio en él una vida bien vivida, al servicio de los demás. No dio importancia a las largas horas de trabajo en un frío taller sino que, en cambio, vio una carrera gratificante y significativa basada en las relaciones. Mi padre le enseñó a mi hermano todo lo que él sabía y hoy mi hermano está enseñando a su hijo lo que le transmitieron a él. Sin el testimonio de mi padre y sin la formación en el oficio, mi hermano no se hubiera convertido en mecánico.

En la sociedad actual, se ha pasado por alto el modelo de formación práctica en un oficio en favor de la educación superior. Pero ambas opciones son valiosas. Los graduados universitarios suelen tener dificultad para hallar empleo precisamente porque no tienen la "capacitación práctica". Los empleadores buscan graduados que entiendan conceptualmente su labor y, además, cuenten con el conocimiento y las habilidades necesarios para llevarla a cabo. De un modo similar, es importante que formemos cristianos que no solo tengan un entendimiento firme de su fe, sino también la capacidad de aplicar la fe en la vida cotidiana. Una de las mejores formas de lograrlo es comprendiendo el proceso de la iniciación cristiana.

El catecumenado como modelo y guía

El catecumenado, es decir, el proceso por el que las personas se inician en la Iglesia católica, sirve de inspiración para toda la catequesis y se caracteriza por "un sentir y un fluir", un ritmo que se inspira más en la liturgia que en el mundo académico. La relación de la catequesis que se refleja en el catecumenado no es la relación entre maestro y estudiante, sino la de mentor y aprendiz. El "Decreto sobre la actividad misionera de la Iglesia" dice que el proceso "no es una mera exposición de dogmas y preceptos, sino una formación y noviciado convenientemente prolongado de la vida cristiana, en que los discípulos se unen con Cristo su Maestro" (*Ad Gentes*, #14). Entonces, ¿para quién es exactamente el catecumenado?

- Los adultos no bautizados que se preparan para la iniciación plena por medio del Bautismo, la Confirmación y la Eucaristía.

- Las personas que han sido bautizadas en denominaciones cristianas no católicas, que cuentan con poca catequesis y que desean estar en comunión plena con la Iglesia católica, hacer una profesión de fe y recibir la Confirmación y la Eucaristía.

• Las personas que han sido bautizadas como católicas pero nunca catequizadas y necesitan completar la iniciación por medio de la Confirmación y la Eucaristía.

• Las personas que han sido bautizadas como católicas y confirmadas de pequeñas (en algunos países esta es la norma) pero no han recibido la Eucaristía.

• Niños no bautizados de al menos siete años de edad. Estos niños participan en un catecumenado para niños o Ritual de la Iniciación Cristiana de Adultos adaptado para niños (no existe el Ritual de Iniciación Cristiana de Niños). Los jóvenes en la mitad y el fin de la adolescencia con un sentido de madurez deberían participar en el proceso RICA para adultos.

El RICA no es un programa

Como Iglesia, necesitamos recuperar el modelo de formación en un oficio y no aferrarnos al modelo de aula de la catequesis. Muy a menudo el catecumenado se considera "un programa más" en la larga lista de programas que ofrecen las parroquias. En realidad, el catecumenado no es un programa, en absoluto, sino un proceso continuo. Esto significa que si alguien que desea convertirse en católico se acerca a nuestra parroquia a mediados de julio, no debemos pedirle que regrese a mediados de septiembre, que es cuando comienza nuestro "programa RICA". De modo similar, el catecumenado no se logra con un solo instructor que enseña a los catecúmenos, sino que hay un equipo de catequistas y padrinos que lo facilitan. Por último, no debe pensarse que el RICA es una serie de clases que siguen un calendario académico (normalmente desde septiembre hasta mayo, cuando nuestros nuevos cristianos "se reciben"). Más bien, es un proceso estrechamente ligado al calendario litúrgico y "comienza" cuando alguien "aparece".

Ya que la iniciación cristiana no es un programa sino un proceso, debería servir a la persona y no a la inversa. En *The Way of Faith: A Field Guide to the RCIA Process* [El camino de la fe: guía de campo para el proceso RICA] (Twenty-Third Publications, 2008, 5–6), Nick Wagner ofrece una lista de gran utilidad para comprender qué no es el RICA.

- No es un programa para la Confirmación de adultos.
- No es un programa de educación para adultos.
- No es un programa de preparación matrimonial, incluso si uno de los integrantes de la pareja no es católico.
- No es un programa de CCD (*Confraternity of Christian Doctrine* [Confraternidad de la Doctrina Cristiana]) para adultos católicos que "desertaron" después de la Confirmación.
- No es un lugar para que los padrinos o cónyuges "se pongan al día" sobre asuntos de la fe.
- No es una pequeña comunidad para compartir la fe.
- No es un grupo de apoyo para lidiar con angustias emocionales.
- No es una clase.
- No es un club.
- No es un programa para convertir a los protestantes en católicos.

Entonces ¿qué *sí es* el proceso RICA? Echemos un vistazo.

Las cinco etapas del catecumenado

Entablar una relación seria con alguien lleva tiempo. Del mismo modo, decidir entablar una relación seria con Jesús y su Iglesia demanda tiempo. Las relaciones suelen desarrollarse de manera gradual, a medida que cada persona se le revela a otra y se genera una creciente sensación de confianza y entendimiento mutuos. Podemos comparar la profundización gradual de la relación de un catecúmeno con Jesús con la profundización gradual de la relación entre un hombre y una mujer cuyo amor los lleva al matrimonio.

Etapa del proceso	Enamoramiento
1. Precatecumenado	Primeras citas/encuentros
2. Catecumenado	Noviazgo formal
3. Purificación e iluminación	Compromiso y noviazgo
4. Sacramentos de la Iniciación	La ceremonia de bodas
5. Mistagogia y más allá	La luna de miel y más allá

1. Precatecumenado: atención sin intención

Cuando conocí a mi esposo fue en un entorno profesional formal, en el que sus lindos ojos y su gentil disposición llamaron mi atención. Unas semanas después, me topé con él cuando ambos estábamos vestidos con ropas más casuales, y advertí sus botas de montaña. Como a mí me agradan las caminatas, me dio curiosidad y comenzamos a conversar sobre nuestra pasión compartida. Descubrimos que teníamos mucho en común y comenzamos a pasar un poco más de tiempo juntos.

Toda relación comienza con una atracción y una expresión de interés de una persona hacia otra. El coqueteo suele ocurrir para evaluar el interés del otro y cuán seria es su intención. A veces una relación continúa más allá del coqueteo; otras, no. El período del precatecumenado es la fase de "coqueteo" en la relación de una persona con Jesús y con la Iglesia católica. Este período de "vengan y vean" (Juan 1:39) en el que las personas coquetean con la idea de seguir a Jesús, al cristianismo y a la Iglesia católica puede conducir a una relación, o no. Durante esta etapa, el "interesado" coquetea con la idea de convertirse en católico en base a diversos factores, como querer casarse con una persona católica, estar casado con una persona católica y sentir la inquietud de la conversión o sentirse inspirado por algún aspecto de las enseñanzas de la Iglesia que despertó su curiosidad.

Pero el coqueteo es atención sin intención. Si bien puede existir una atracción hacia algún aspecto de la fe, no se ha adquirido ningún compromiso específico. Como el comienzo de lo que se espera será una relación de amor perdurable con Jesús y con su Iglesia, este período del catecumenado se dedica a la preevangelización y la evangelización. Tres cosas deberán tenerse en cuenta durante este período.

1. No intentar "vender" ni promocionar agresivamente a Jesús o la Iglesia católica. Escuchar con atención y responder con honestidad pero resistirse al deseo de compartir de más en esta etapa.

2. No apresurar el proceso. Entablar conversaciones pero dejar que el interesado tome la iniciativa.

3. No ofrecer una catequesis detallada en esta etapa. Si una persona está lista para la proclamación inicial, asegurarse de que el kerigma sea presentado de manera sencilla pero poderosa.

Este período de interés nos ofrece enormes oportunidades. Si se lleva a cabo de la manera adecuada, este período de atracción inicial conducirá a la intención de consolidar más la relación, una intención que se plasma en el Rito de Aceptación. Este es un gran paso para muchos y marca la intención del interesado de dejar atrás su antigua vida al decir sí a una nueva manera de vivir.

2. El catecumenado: noviazgo

Llega un momento en el que las citas informales se tornan más serias. Utilizando la analogía del noviazgo, el período en el que alguien deja la vida de soltería y decide entablar un noviazgo formal se conoce como catecumenado. Este período marca la decisión del catecúmeno de pasar más tiempo aprendiendo sobre Jesús y la Iglesia y sobre cómo seguir a ambos. El primer paso del catecumenado es el Rito de Aceptación en el Catecumenado. Una de las fórmulas del Rito de Aceptación se refiere directamente a los catecúmenos diciendo: "A vosotros, pues, que habéis seguido su luz, he aquí que ahora se os abre el camino del Evangelio, para que sobre el fundamento de la fe, [. . .] pongáis vuestra vida en sus manos cada día, y podáis creer de todo corazón en él. Éste es el camino de la fe, por el cual Cristo os conducirá en la caridad, para que tengáis la vida eterna" (RICA, Manual, #76).

Este compromiso resume lo esencial del proceso, que idealmente es gradual y se completa sin importar las restricciones de tiempo. Al igual que en una relación nunca hay un período establecido de noviazgo antes del compromiso, tampoco hay un período establecido para esta fase del catecumenado. La formación pastoral, la catequesis y la catequesis litúrgica, que se vuelven más exhaustivas a medida que el catecúmeno crece, incluyen:

- Aprender a rezar y a seguir la inspiración sobrenatural de Dios.
- Practicar el amor al prójimo.
- Formarse en el año litúrgico apoyado con la celebración de la Palabra.
- Desarrollar una catequesis completa, con formación en las verdades de la doctrina católica y la vida moral.
- Participar en la misión de la Iglesia.

Durante este proceso, los catecúmenos son acompañados por un mentor, un padrino o una madrina. Según la introducción del RICA, el padrino o la madrina debe ser una persona que "le conozca, le ayude y sea testigo de sus costumbres, de su fe y de su voluntad" (RICA, #42). El padrino se hace responsable de guiar al catecúmeno, pero no tiene la responsabilidad de una catequesis formal. El padrino o la madrina sirven como guía para la forma de vida cristiana de modo que el catecúmeno pueda "captar" los fundamentos de la fe cristiana y aprender cómo aplicarlos a la vida real usando al padrino o madrina como modelo. Cuando el catecúmeno está preparado para celebrar los sacramentos de la Iniciación, el período culmina en el Rito de Elección. Después, el catecúmeno pasa al período de purificación e iluminación.

3. Purificación e iluminación: compromiso y preparación para el matrimonio

Después de un tiempo, una pareja puede decidir avanzar aún más en su relación y comprometerse. Para la propuesta de matrimonio se hace entrega de un anillo y la pareja recibe un nuevo nombre: ahora se los conoce como los comprometidos. El compromiso marca el período formal de la preparación para el matrimonio. En el proceso de catecumenado, este período de preparación formal para los sacramentos de la Iniciación suele coincidir con el tiempo de Cuaresma y culminar con el "sí, acepto" del candidato en los sacramentos del Bautismo, la Confirmación y la Eucaristía durante la Pascua. Se asume un compromiso para una relación de toda la vida con Cristo y su Iglesia. A los catecúmenos se los conoce ahora como los "elegidos" y son llamados a una conversión más profunda como preparación para una renovación en la Pascua. Al igual que en el compromiso, cuando la pareja se ocupa junto con la familia y los amigos de los preparativos finales para la boda, los elegidos son acompañados por toda la Iglesia en su caminar. Es un tiempo de preparación espiritual muy intensa durante la cual se forma a los elegidos de manera gradual por medio de tres "escrutinios" sobre la naturaleza del pecado. La palabra *escrutinio* proviene del latín *scrutari*, que significa "examinar". Durante los escrutinios, se invita a los elegidos, junto con toda la comunidad, a examinar su corazón para identificar cualquier obstáculo persistente que les impida vivir como discípulos de Cristo.

En el día de la boda, se le pide a la pareja que haga públicamente sus votos, y muchos los aprenden de memoria. Durante el período de purificación e iluminación, los elegidos memorizan el Credo y el

Padrenuestro y los recitan en público antes de la profesión de fe, en el día de su Bautismo. Este tiempo está dedicado "a los corazones y a las mentes para purificarlas por el examen de la conciencia y por la penitencia, y para iluminarlas por un conocimiento más profundo de Cristo, el Salvador" (*RICA*, #25).

Este período de purificación e iluminación se parece más a un retiro que a una catequesis, y pone énfasis en la oración y el discernimiento más que en el estudio y el aprendizaje. Debería existir una diferencia bien marcada entre este período y el período del catecumenado. Esta diferencia debería reflejarse en la vida de toda la comunidad parroquial a medida que adopta un ritmo más solemne y contemplativo, y se enfoca en la conversión, el Bautismo y la renovación más que en el estudio y el aprendizaje.

4. Los sacramentos de la Iniciación: "Sí, acepto"

Una relación que comenzó con la atracción culmina con el matrimonio. El matrimonio marca el comienzo de dos que se vuelven uno a medida que los integrantes de la pareja unen sus cuerpos, sus sufrimientos, sus alegrías y sus vidas enteras. Cuando se dicen "sí, acepto" el uno al otro, le dicen "no" a la soltería o al matrimonio con otra persona. Cada día que pase, la pareja vivirá la decisión de estar casados tanto en los momentos ordinarios como en los extraordinarios de la vida.

La celebración de los sacramentos de la Iniciación se lleva a cabo en la Vigilia Pascual y simboliza el nuevo nacimiento de los cristianos, de aquellos que ingresan a la Iglesia al igual que de aquellos que ya son cristianos. La Pascua es más que la conmemoración de un acontecimiento histórico único: es Cristo que se levanta aquí y ahora en las nuevas vidas de los cristianos que son bautizados en la vida, muerte y Resurrección de Cristo. Al decir "sí, acepto" a Cristo, se les está diciendo "no" a otros dioses, otros estilos de vida y otras maneras de vivir. Este es el comienzo de una nueva vida y, como en el matrimonio, viene con un nuevo nombre: el nombre bautismal. Después del Bautismo y la Confirmación, los nuevos cristianos participan de la Eucaristía por primera vez.

5. Mistagogia: más allá de la luna de miel

Después del matrimonio, el período de luna de miel está lleno de emoción y de ajustes, que se realizan a medida que se adopta una nueva manera de vivir. La pareja ahora se conoce como recién casados. Durante este tiempo, vive y hace presentes sus votos matrimoniales cada día de sus vidas. En el proceso de iniciación cristiana, el período paralelo se llama mistagogia o "estudio de los misterios" y ocurre después de ser recibidos en la Iglesia durante la Pascua. Los elegidos se conocen ahora como neófitos. La palabra *neófito* se puede remontar al griego *neophytes*: "recién plantado" o "recién convertido". Al igual que las parejas recién casadas que siguen creciendo en su amor y comprensión mutua, el neófito sigue reflexionando y aprendiendo más sobre los misterios de la misa y los sacramentos, en los que ahora participa plenamente. Puede haber baches en el camino, es de esperarse. Siempre surgen desafíos al adaptarse a una nueva forma de vida, pero también hay mucha alegría y felicidad.

Como Iglesia ayudamos a los cristianos recién formados a continuar su camino por los altibajos de la vida. La manera principal a través de la cual seguimos formando nuevos cristianos es la celebración de la Eucaristía. Este período concluye formalmente con una celebración que se lleva a cabo en Pentecostés o cerca de esa fiesta, pero los estatutos nacionales para el catecumenado de los Estados Unidos requieren que se realicen encuentros mensuales para los nuevos cristianos durante al menos un año posterior a su iniciación. Al igual que las parejas casadas celebran su primer aniversario, al final de su primer año, en las parroquias se realizan celebraciones de aniversario para los nuevos cristianos.

Y al igual que las parejas casadas cumplen su aniversario reflexionando sobre el día de su boda, celebrando todo lo que ha ocurrido desde entonces y enfocándose en el futuro, a los nuevos cristianos se los invita a reflexionar sobre su caminar, a dar gracias por ese camino y a renovar su compromiso espiritual mutuo durante esta celebración mistagógica.

El período de mistagogia debería continuar con una catequesis adulta sólida, que abordaremos con detalle en el próximo capítulo. No hay graduación para un discípulo: el proceso es de crecimiento continuo en el amor, aprendizaje y testimonio de la vida. Al igual que no hay un día formal en el que termina la luna de miel, el período de la mistagogia tampoco tiene un final formal. Al igual que una pareja casada que se esfuerza en prestarle atención a su matrimonio el resto de su vida, los bautizados son ahora llamados a pasar el resto de su vida atentos a su relación con Jesús.

Religión: un misterio, no una materia

A menudo hablamos de religión como una "materia", del mismo modo en que hablamos de geografía o de historia. Sin embargo, es importante recordar que no estamos enseñando una materia, sino presentando a las personas un misterio. Esto significa que nuestra catequesis debería incorporar un lenguaje de misterio. Debería parecerse a la misa (ir a la iglesia) más que a una clase (ir a la escuela). La catequesis a la que somos llamados a conducir debería inspirarse en el lenguaje de los signos y símbolos que existen en el corazón de la vida sacramental de nuestra fe católica, en lugar de inspirarse en el mundo de la educación.

Incorporar el lenguaje y los rituales de adoración tiene el poder de transformar nuestros esfuerzos catequéticos. Una manera sencilla de presentar el kerigma, por ejemplo, es relacionarlo con lo que sucede en la misa y propiciar un "enfoque contemplativo" y litúrgico en la clase. Puede lograrse con una mesa pequeña cubierta con un mantel que concuerde con el color litúrgico del tiempo del año, junto con otros artículos sagrados y objetos del mundo natural y de la vida cotidiana. Nuestra identidad como católicos surge de la liturgia, y el tiempo en el que nos encontramos forja nuestra espiritualidad. La evangelización no verbal también es formativa. Cada espacio en el que nos reunimos en la presencia de Dios es sagrado y evangelizador. Nuestro objetivo en la catequesis no consiste simplemente en brindar formación y transmitir información, sino más bien en facilitar encuentros transformadores con Cristo, una persona a la vez. Esto es lo que ofrece el proceso RICA cuando se lleva a cabo adecuadamente.

Catequesis informada por el catecumenado

Está claro que en lo que concierne a la catequesis y la vida parroquial ya no podemos tener una mentalidad orientada a "lo mismo de siempre". Entre las palabras más peligrosas de cualquier organización podemos citar estas siete: *Siempre lo hemos hecho de esta manera.* Si pensamos que podemos seguir catequizando hoy de la misma forma que lo hemos hecho durante el último medio siglo, nos llevaremos una desagradable sorpresa. Con las nuevas generaciones que llegan a la mayoría de edad e ingresan en la vida adulta, vemos con más claridad que nuestra forma de abordar la catequesis debe cambiar.

El catecumenado inspira, vitaliza e informa todos los métodos de la catequesis. Si consideramos la formación de la fe a través del lente del proceso de RICA, se verá claramente distinto del modelo principalmente pedagógico que se utiliza en la mayoría de las parroquias. Si dedicáramos suficiente tiempo a desarrollar relaciones en el proceso del precatecumenado, a escuchar las preocupaciones y las preguntas, y a enseñar a las personas respetando su propio ritmo, la formación de la fe podría transformarse en comunidades formadoras de discípulos que apoyan a los creyentes en todos los niveles de la fe.

Muchas de las personas que deciden visitar una parroquia son una minoría cuando eligen hacer lo que sus pares no hacen. No merecen otra cosa que nuestro mejor esfuerzo, tiempo y recursos. Debemos iniciar a las personas gradualmente en la fe cristiana integrando la evangelización, la catequesis y los sacramentos. Es hora de ver la catequesis con nuevos ojos y de considerar todo el potencial que tiene para el aprendizaje y para el asesoramiento de personas de todas las edades sobre la fe.

Resumen: Tierra fértil

Lo sembrado en tierra fértil es el que escucha la palabra y la entiende. Ése da fruto: ciento o sesenta o treinta. (Mt 13:23)

La vida espiritual no puede planificarse de manera precisa. Somos llamados a esparcir las semillas del Evangelio de la mejor manera posible y tan lejos como podamos. Al igual que en la jardinería, esta práctica requiere tiempo y puede tornarse desordenada. Debemos recordar que el verdadero agente de la transformación es el Espíritu Santo. Nosotros somos instrumentos de Dios, y, si bien podemos dar lo mejor de nosotros para ayudar a otros a crecer en la fe, el acto supremo de fe deben darlo las personas mismas. Algunas de nuestras semillas caerán en el suelo y pasarán inadvertidas. Pero otras echarán raíces en los corazones abiertos y dispuestos a dar una cosecha que superará con creces lo que hayamos imaginado.

Para reflexionar y conversar

- ¿Qué perspectivas sobre el catecumenado te resultan más útiles para entender la catequesis?
- ¿Qué harás de modo distinto como consecuencia de estas nuevas perspectivas?

Madurar como líder catequético

"Los cambios en el patrón de iniciación en la Iglesia tienen un poderoso
efecto en la vida entera de la Iglesia.
La manera en que se inician los nuevos cristianos afecta no solo la
identidad de los iniciados, sino también la comprensión que toda la
comunidad de la Iglesia tiene de sí.
De ahí la vital importancia del RICA
para la renovación de la Iglesia en la
actualidad" [v.d.t.] (Lawrence E.
Mick: *RCIA: Renewing the Church as
an Initiating Assembly* [RICA: renovando la Iglesia como asamblea de
iniciación] [Liturgical Press, 1989], 31). Como líderes catequéticos,
nos beneficiamos en gran medida con la sabiduría de otros líderes catequéticos, de aquellos que nos han preparado el camino, de aquellos que
siguen siendo luz para nosotros y aquellos con quienes caminamos
como amigos y colegas. ¿Quién ha sido un mentor profesional y espiritual para ti? Si no has visto a esa persona en algún tiempo, llámala o
visítala. Manifiesta gratitud por su orientación. De modo similar,
¿conoces a algún líder catequético que tenga dificultades? Si es así, con-
tacta a esa persona, anímala con oración y ofrécele tu ayuda.

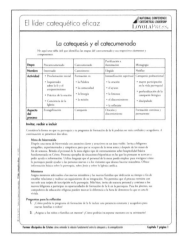

Visita www.loyolapress.com/lce para acceder a la hoja
de ejercicios.

Acción sugerida

"Para mantener a los neófitos en la mistagogia, tendremos que con-
vencerlos mucho antes de la Pascua de que habrá más trabajo para
hacer después" [v.d.t.] (Paul Turner, *The Catechumenate: MI Answers
the 101 Most-Asked Questions* [Liturgy Training Publications, 2000],

[El catecumenado: MI responde a las 101 preguntas más frecuentes], 135). Reflexiona sobre tu formación como líder catequético. ¿Qué cursos han sido más útiles para ti en lo personal y en lo profesional? Proponte fortalecer tus áreas más débiles tomando una clase (en línea o en persona) o leyendo un libro y buscando un "amigo de estudios" con quien debatir ideas.

Recursos adicionales

En español

Catecumenado e Iniciación cristiana. Dionisio Borobio (Barcelona: Centre de Pastoral Litúrgica, 2007).

Iniciación cristiana: un recurso básico. Fernando Sebastián (Chicago: Liturgy Training Publications, 2016).

Más allá de la caja de herramientas del catequista: Catequesis que no solo informa, sino que también transforma. Joe Paprocki (Chicago: Loyola Press, 2013).

Para comprender el catecumenado. Casiano Floristán (Estella: Verbo Divino, 1989).

En inglés

The Rite of Christian Initiation of Adults [El rito de Iniciación cristiana de adultos] (Chicago: Liturgical Training Publications, 1988).

The Way of Faith: A Field Guide for the RCIA Process [El camino de la fe: guía de campo para el proceso RICA]. Nick Wagner (New London, CT: Twenty-Third Publications, 2008).

RCIA: Renewing the Church as an Initiating Assembly [RICA: Renovando la Iglesia como asamblea de iniciación]. Lawrence E. Mick (Collegeville, MN: Liturgical Press, 1989).

"Baptismal Catechumenate: Model for All Catechesis." [Catecumenado bautismal: un modelo para toda catequesis].

Catherine Dooley, en *Louvain Studies* [Estudios Louvain] 23, no. 2, (verano de 1998): 114–123.

8

Ponte la máscara de oxígeno tú primero: la catequesis para adultos, una prioridad

Cambiar el enfoque

Cuando los auxiliares de vuelo dan instrucciones antes de despegar, nos recuerdan que en caso de pérdida de presión en la cabina, los adultos deben colocarse primero su propia máscara de oxígeno antes de ayudar a los niños a colocarse la suya. En lo que respecta a la formación de la fe, se debería aplicar la misma filosofía: atender primero a los adultos de modo que ellos a su vez puedan ayudar a sus hijos. Si seguimos concentrando nuestros esfuerzos de formación de la fe exclusivamente en la catequesis para niños sin atender las necesidades de nuestros adultos, como Iglesia nos quedaremos sin oxígeno y no seremos capaces de ayudar a nadie a crecer en la fe.

La catequesis para adultos: la máscara de oxígeno de la vida parroquial

Durante seis maravillosos años trabajé con las 157 parroquias de la Diócesis de Green Bay como directora diocesana de formación de la fe para adultos. Una vez, en una reunión de consejo parroquial, me preguntaron si tenía sueños para la diócesis o para las parroquias.

Respondí que mi sueño era que la formación de la fe para adultos recibiera el lugar de importancia que merecía en la vida diocesana y parroquial. "¿Está segura? Sabrá usted que tenemos un grupo de estudio bíblico", comentó el coordinador del consejo parroquial. "¿No es mejor soñar con tener una educación religiosa más concurrida o programas de ministerio juvenil para los niños?", preguntó otra persona.

Esta conversación refleja mucho de lo que se ha considerado el lugar que la catequesis y la educación religiosa para adultos deben ocupar en la parroquia. Cuando se trata de catequesis para adultos y catequesis para jóvenes, no es una o la otra, sino ambas.

Demasiado a menudo se piensa que la catequesis es algo dirigido principalmente a los niños. Pero en el *Directorio General para la Catequesis* y otros documentos eclesiales clave se establece con claridad que la catequesis para adultos debe ser la forma principal de catequesis hacia la cual se orientan todas las demás catequesis (sin menoscabar nuestros esfuerzos con los niños). En *Catechesi Tradendae*, san Juan Pablo II señala que la catequesis para adultos es "la forma principal de la catequesis porque está dirigida a las personas que tienen las mayores responsabilidades y la capacidad de vivir el mensaje cristiano bajo su forma plenamente desarrollada" (#43). La catequesis para adultos se centra en una profundización de la fe en Cristo que dura toda la vida, sirviendo por ende como punto de referencia para la catequesis de otros grupos etarios. La catequesis sólida para jóvenes y adultos jóvenes tiene su *fundamento* en la catequesis para adultos, y en nuestras parroquias debemos planificar teniendo esta realidad en cuenta.

El *Directorio Nacional para la Catequesis* nos recuerda que "en razón de su importancia, y porque de cierta manera todas las otras formas de catequesis están orientadas hacia ella, la catequesis de adultos debe tener prioridad en todos los niveles de la Iglesia" (#48a). Al asegurar la máscara de oxígeno de nuestros esfuerzos catequéticos parroquiales para los adultos primero, seremos capaces de asegurar que toda la catequesis en la parroquia sea saludable y dinámica.

No es la catequesis de la abuela

El término *educación religiosa para adultos* puede hacernos pensar en seminarios, la enseñanza formal en un salón de clase o la repetición de fórmulas doctrinales aprendidas en la niñez, en el *Catecismo*, pero ninguna de estas imágenes capta con precisión la riqueza de la catequesis para adultos. Si bien la formación de la fe para adultos incluye la enseñanza y la asimilación de conocimientos, también ofrece muchas otras oportunidades para que las personas crezcan y maduren en la fe, entre ellas ayudar a otros, servir a los demás y concretar una renovación espiritual. En su libro *Toward an Adult Church* [Hacia una Iglesia adulta] (Loyola Press, 2002), Jane Regan define la catequesis para adultos como un aprendizaje en la fe que gira en torno a la

- información
- formación
- transformación

Información

La información, según Regan, se refiere a "todas las formas en las que el corazón y el significado del mensaje cristiano y la Tradición de la Iglesia se presentan de una manera significativa en este tiempo y en este lugar" [v.d.t.] (15). La información invita a los adultos a mirar más allá del "qué" de nuestra fe y responder a la pregunta "¿Entonces, qué?". En otras palabras, ¿qué diferencia supondrá este aprendizaje en mi actitud, mi comportamiento y mis prácticas? Dar información solo porque sí, no basta. Debemos presentar información de una manera que dé respuesta a las preguntas esenciales de la vida.

Formación

La formación permite a los adultos pasar de ser espectadores pasivos a ser testigos activos, plenos y conscientes de su fe. En la parroquia, los adultos son formados por fuerzas, tanto positivas como negativas. Si una parroquia no resalta la importancia del aprendizaje permanente y no asigna recursos ni personal a la formación de adultos, es probable que los adultos perciban que la catequesis para adultos tiene poco valor para ellos mismos y para la comunidad.

Transformación

Un proceso sistémico de formación de la fe para adultos es aquel que transforma la vida de los creyentes. El objetivo de la formación de la fe para adultos es una relación personal con Cristo, que impregna cada área de la vida cotidiana. Todo evento parroquial debe ser una oportunidad para que los adultos tengan un encuentro con Cristo y su mensaje vivo.

Más que un simple estudio bíblico

La catequesis para adultos presenta muchos desafíos, entre ellos aumentar la visibilidad y la conciencia acerca de la importancia que reviste este ministerio fundamental. Los que participan en la catequesis para adultos saben que si bien este ministerio es central para la Iglesia, quienes son parte del liderazgo parroquial suelen, con demasiada frecuencia, subestimar la importancia de la formación de la fe para adultos. Lamentablemente, es posible que la formación de la fe para adultos se considere un ministerio que no es fundamental para la vida de la parroquia. A menudo se la ve como un ministerio "simbólico" y, si por casualidad se lo reconoce a nivel parroquial, se lo identifica exclusivamente con el "estudio bíblico". Por lo general, los católicos adultos se han acostumbrado a pensar que la catequesis es para los niños y que no les atañe a ellos.

Ahora bien, no me malinterpretes. No quiero decir que haya algo malo con los grupos de estudios bíblicos; digo que estos no deberían ser el único enfoque que merece la formación de la fe para adultos a nivel parroquial ni la única opción para que los adultos crezcan en la fe. La formación de la fe para adultos es mucho más compleja y admite matices más allá de un único enfoque centrado exclusivamente en repetir diversos pasajes de las Sagradas Escrituras. Existen dos consideraciones fundamentales que debemos entender cuando analizamos la catequesis para adultos.

Debemos desechar la mentalidad de que los *programas* disculpan a las personas y dejar de obrar en consecuencia

Los programas son un apoyo, una herramienta y un trampolín. Después de trabajar en la formación de la fe para adultos tanto a nivel parroquial como diocesano, me costó asumir las expectativas puestas en quienes trabajamos en la formación de la fe para adultos, las cuales apuntan a poder formar discípulos eficazmente con un programa de ocho semanas en formato DVD. Quiero ser clara: no es posible insertar un DVD y esperar que automáticamente aparezca un discípulo al otro lado del aula. No es así como funciona. Los discípulos caminaron con Jesús durante tres años, compartieron los alimentos con él, estuvieron presentes durante sus momentos más difíciles, ¡y aun así Pedro negó a Jesús tres veces! La formación de discípulos es muy a menudo un proceso largo que requiere ser pacientes en todo momento y entregarse a la gracia de Dios.

La formación de la fe para adultos ocurre de manera formal e informal

Está claro que la formación de la fe para adultos ocurre en una variedad de contextos e, idealmente, fuera de un entorno de clase. Se entrelaza orgánicamente con la misión de la vida parroquial por medio de la justicia social, la catequesis, el compromiso con la comunidad y otras formas de ministerio. Si bien la Iglesia ha ofrecido enseñanza formal a sus miembros más jóvenes durante siglos, las oportunidades de formación de adultos han sido, con demasiada frecuencia, informales y esporádicas dentro del contexto de las actividades familiares y parroquiales normales. Si bien todos los eventos parroquiales tienen el potencial de ofrecer formación en la fe, muchos adultos participan en estas celebraciones sin enfocarse en su propia fe o su relación personal con Cristo. Debemos propiciar la participación de los adultos tanto en la parroquia como en la comunidad en general y ayudarlos a identificar dónde Dios ya está presente en su vida. Entonces serán capaces de contextualizar su historia dentro de la historia más amplia del Pueblo de Dios.

El objetivo de la catequesis para adultos: fervor en el corazón

En el documento *Sentíamos arder nuestro corazón* (USCCB, 1999) de la Conferencia de Obispos Católicos de los Estados Unidos se expone un plan para revitalizar la formación de la fe para adultos en todo el territorio de los Estados Unidos.

Este documento resalta que la formación de la fe para adultos debe ubicarse en el centro de la misión educativa de la Iglesia y no quedarse al margen, como ha sido el caso durante muchos años. Apelando a la historia de los discípulos en el camino a Emaús como guía, el documento constituye un valioso recurso para crear programas para adultos que sean intencionales, organizados y sistemáticos en alcance y en secuencia.

Después de ese encuentro con el Jesús resucitado, los discípulos exclamaron: "¿No sentíamos arder nuestro corazón mientras nos hablaba por el camino y nos explicaba la Escritura?" (Lucas 24:32).

Esta es la clase de ardor que deberíamos procurar; un cambio tan profundo en los demás que todos sintamos fervor y ardamos gracias al encuentro con Cristo.

En *Sentíamos arder nuestro corazón*, los obispos esbozan tres metas principales en la formación de la fe para adultos y destacan los pasos necesarios para guiar y dirigir los esfuerzos en la formación de la fe para adultos (#67–73). Son las siguientes:

Meta 1. Invitar y facilitar la conversión continua a Jesús en santidad de vida

Esta meta se logra:

- Ayudando a los adultos a adquirir una actitud de conversión al Señor para propiciar una espiritualidad bautismal para los creyentes.

- Guiando a los adultos para que reconozcan el pecado y se arrepientan de él, para que busquen la reconciliación por medio de los sacramentos y cultiven una fe cada vez más profunda en Jesús.

- Teniendo la mente de Cristo, confiando en el amor del Padre, obedeciendo la voluntad de Dios, buscando la santidad de vida y creciendo en el amor hacia los demás.

- Profundizando la oración personal.

Meta 2. Promover y apoyar que sean miembros activos en la comunidad cristiana

Esta meta implica:

- Ayudar a los adultos a tomar la decisión firme y consciente de vivir la fe por medio de su afiliación en la comunidad católica.

- Invitar y apoyar a los adultos bautizados en su corresponsabilidad en la misión y la vida de la Iglesia.

Meta 3. Llamar y preparar a adultos para actuar como discípulos en misión al mundo

Esta meta implica:

- Ayudar a los adultos a estar más predispuestos a ser discípulos católicos en el mundo.

- Invitar a los adultos bautizados a la evangelización y a asumir un compromiso con la justicia, lo cual es necesario para la transformación del orden social y temporal.

A medida que planificas la formación de la fe para adultos en tu parroquia, entender los principios, metas y objetivos de la catequesis para adultos es una herramienta importante para fortalecer todos los esfuerzos catequéticos. Ya sea que participes en la educación religiosa, el ministerio juvenil o el cuidado pastoral en tu parroquia, todos los integrantes del personal parroquial son ministros de los adultos de la parroquia. La formación de la fe para adultos es el ámbito de todo el personal de la parroquia, independientemente de quién ostente el título de director de formación de la fe para adultos.

Un destello de Jesús

En su libro *A Concise Guide to Adult Faith Formation* [Guía concisa para la formación de la fe para adultos] (Ave Maria Press, 2009), Neil Parent afirma que "la tarea de los líderes de catequesis para adultos es ayudar a aquellos a quienes ministran a darse cuenta de que Dios está siempre presente para ellos como maestro; ciertamente, que Dios es su maestro principal" [v.d.t.] (67). La catequesis para adultos es fundamental para que la Iglesia pueda llevar a cabo la comisión que Cristo encargó a los apóstoles. En Cristo, Dios nos revela cómo debemos vivir nuestra vida. Todos los esfuerzos en pos de la formación de la fe para adultos deberían ser cristocéntricos (con Cristo en el centro) pues somos llamados a caminar al lado de los adultos de nuestras parroquias, escuchando sus alegrías, esperanzas, sufrimientos y dudas. La reflexión de los obispos es que "en Jesús los discípulos llegaron a vislumbrar la profundidad de Dios" (*Sentíamos arder nuestro corazón*, #11). Los que somos responsables de la formación de la fe para adultos somos también llamados a guiar a los adultos hacia el corazón de Dios y a ayudarlos a ver los destellos de Dios en todo lo que dicen y hacen.

Entonces, ¿qué prácticas deberíamos emplear para guiar a los adultos hacia el corazón de Dios? En *Sentíamos arder nuestro corazón* (#8–9), los obispos nos instan a seguir el ejemplo de Jesús de comunicar la Buena Nueva. Se mencionan estos cinco temas:

1. **Acompañamiento.** Un tema frecuente del pontificado del Papa Francisco es el acompañamiento. En *Evangelii Gaudium* (#169), señala que "la Iglesia tendrá que iniciar a sus hermanos —sacerdotes, religiosos y laicos— en este 'arte del acompañamiento', para que todos aprendan siempre a quitarse las sandalias ante la tierra sagrada del otro" (cf. Éx 3:5). Debemos primero unirnos a las personas en sus preocupaciones cotidianas y recorrer a su lado su camino de vida. El acompañamiento no es un fin en sí, sino que siempre está al servicio de la evangelización y la misión.

2. **Presencia.** Somos llamados a estar presentes para las personas, a hacerles preguntas y a escuchar con atención mientras nos hablan de sus alegrías, esperanzas, penas y ansiedades.

3. **Compartir.** Somos llamados a compartir la Palabra viva de Dios con otros, una Palabra que puede tocar su corazón y su mente y desplegar el profundo significado de su experiencia a la luz de todo lo que Jesús dijo e hizo.

4. **Confianza.** Somos llamados a confiar en la capacidad de la oración y los sacramentos para abrir los ojos de aquellos a quienes servimos a la presencia y el amor de Cristo.

5. **Invitación**. Somos llamados a invitar a otros a vivir y a compartir esta Buena Nueva en el mundo.

En su homilía del Ángelus del 18 de agosto de 2013, el Papa Francisco señaló que "vivir la fe no es decorar la vida con un poco de religión, como si fuese un pastel que se lo decora con nata". El objetivo de la catequesis para adultos es crear una *fe vivida* en los alumnos adultos, una fe vivida en el discipulado para Jesucristo. No podemos conformarnos con formar personas que relegan su fe a los domingos por la mañana, que dejan a sus hijos en la clase de educación religiosa cada día sin adoptar ninguna medida para crecer en su propia fe. La fe no es la nata en el pastel de la vida, sino el ingrediente principal y el relleno de la vida. ¿Cómo lucen los ingredientes de una fe madura?

Tiempo de crecer

En su ensayo *Followers, Not Admirers* [Seguidores, no admiradores], Søren Kierkegaard señala que Cristo "nunca pide admiradores, adoradores ni adeptos" [v.d.t.]. Cristo siempre desea que seamos sus discípulos. "No son adeptos de una enseñanza lo que Cristo busca, sino seguidores de una vida. Cristo entendió que ser "discípulo" está en la más íntima y profunda armonía con lo que él dijo de sí mismo. Cristo afirmó ser "el camino y la verdad y la vida" (Juan 14:6) [v.d.t.], dice Kierkegaard (*Bread and Wine: Readings for Lent and Easter* [Pan y vino: lecturas para la Cuaresma y la Pascua] [Plough, 2003], 55). La fe inmadura se centra en la admiración; la fe madura es el camino al discipulado.

Una fe madura lucha activamente con las exigencias de vivir según el Evangelio, tiene la voluntad de vivir esas exigencias e invita a otros a participar del mensaje del Evangelio. El *Directorio General para la Catequesis* define la fe madura como una "viva, explícita y operativa confesión de fe" (#82). El objetivo es inspirar, equipar y guiar a los discípulos y crear formadores de discípulos que salgan a discipular a otros. Nuestro objetivo no es crear admiradores de Cristo que dejen su fe en la puerta de la iglesia. Según los obispos, la fe madura, por la cual una persona se ofrece total y libremente a Dios, tiene tres ingredientes:

1. fe viva
2. fe explícita
3. fe operativa

Una fe viva es:

- Una fe que busca entendimiento.
- Una fe consciente del poder y la persistencia del pecado en la vida humana.
- Un anhelo por el cumplimiento de la vida eterna.

Una fe explícita es:

- Una fe arraigada en una relación personal con Jesús, vivida en la comunidad católica.
- Una fe que se abre a una relación más profunda con la Santísima Trinidad.
- Una fe que se conecta a la vida, enseñanza y misión de la Iglesia.
- Una fe que confía, pues se fundamenta en la Palabra de Dios y es confirmada por el sentido sobrenatural de la fe de toda la Iglesia.
- Una fe humildemente alegre y que forma a católicos confirmados en lo que es esencial.

Una fe operativa es:

- Una fe abierta a la obra y al poder del Espíritu de Dios, que se goza en los frutos del Espíritu Santo.
- Una fe activa, que rinde frutos de justicia y compasión, por medio del compromiso con los necesitados.
- Un testimonio vivo para el mundo por medio de la Palabra y también por medio del servicio del amor y la justicia.

Una fe viva, explícita y operativa se sustenta de las siguientes prácticas:

- Lectura frecuente de la Palabra de Dios, los escritos sagrados de nuestra Tradición y los documentos oficiales de la Iglesia.
- Participación en la vida comunitaria y en la misión de la Iglesia.
- Oración personal.
- Participación en las obras de justicia y servicio a los pobres.
- Cumplimiento de nuestras obligaciones humanas en la familia y la sociedad por medio de la práctica activa del amor a Dios y al prójimo.

Diez consejos para la formación de la fe para adultos

En nuestras parroquias hay adultos en todas las etapas del camino en la fe. La actividad para imprimir que se sugiere para este capítulo incluye principios de implementación y planificación para ayudar a guiar tus esfuerzos. Cuando planificamos la formación de la fe para adultos, debemos considerar y diseñar oportunidades que respondan a las necesidades y los intereses de toda la comunidad de fe de la parroquia, y que brinden:

1. Oportunidades de calidad para experiencias de conversión múltiples y variadas.
2. Foros para dialogar sobre el aprendizaje de la fe y la vida de fe.
3. Crecimiento en la fe por medio de conversaciones y diálogos con otros adultos sobre temas de importancia.
4. Catequesis para formar adultos para la toma de decisiones en la fe.
5. Actividades y eventos de calidad a los que los feligreses puedan invitar a otras personas.
6. Promoción y organización de actividades existentes para reemplazar el paradigma de un enfoque catequético centrado

exclusivamente en los jóvenes a una catequesis centrada en adultos.

7. Diversidad para acercarnos a personas de distintas culturas, sobre todo a la población hispana.

8. Oportunidades para relacionarnos en línea con otros adultos y dialogar sobre la fe católica.

9. Cursos básicos, intermedios y avanzados sobre la fe católica.

10. Práctica y participación en las obras de misericordia corporales y espirituales.

¡A afinar el coro!

Para ayudar a los adultos a entablar un compromiso más profundo con Cristo, es importante empoderarlos y equiparlos con las herramientas adecuadas para hablar a otros adultos sobre su fe. Brindarles lenguaje concreto y estrategias específicas para entablar conversaciones sobre la fe será provechoso para ayudarlos a madurar en la fe. Las investigaciones del *Pew Forum* [Foro Pew] y del *Center for Applied Research in the Apostolate* [Centro de Investigación Aplicada en el Apostolado] indican que la mayoría de los católicos se ubica en la categoría del "compromiso a medias" y seguirán allí a menos que se los invite y desafíe activamente a profundizar más.

Llevar a nuestros católicos de un compromiso a medias a un compromiso pleno y activo en la Iglesia será un desafío constante para nosotros, ¡pero sin duda producirá grandes beneficios! Cuando se trata de nuestros esfuerzos para el discipulado solemos pasar por alto a las personas que están sentadas justo frente a nosotros. En este caso el dicho trillado de "predicarle al coro" no parece ser cierto: debemos en todo momento "afinar" el coro por medio de la evangelización y la catequesis. Y nosotros debemos ser parte del coro. Uno de los principios del discipulado es que se puede guiar a las personas solo hasta la profundidad a la que hemos llegado nosotros. Como líderes catequéticos debemos comprometernos con nuestro propio crecimiento y continuar buscando nuestro camino de discipulado. El viejo dicho de que "no se puede dar lo que no se tiene" es cierto. Es tiempo de llenar nuestro ser para que podamos dar a otros.

Resumen: Llamados a una fe viva

Por eso, dejando a un lado la enseñanza elemental sobre Cristo, vayamos a lo más perfecto, sin volver otra vez sobre las verdades fundamentales, como el arrepentimiento por las obras que llevan a la muerte y la fe en Dios. (Heb 6:1)

Telios es una palabra griega que se traduce como "perfecto" y significa "que ha llegado a su potencial pleno". Cuando cumplimos aquello a lo que somos llamados a ser, nos volvemos perfectos. Los objetos se vuelven perfectos cuando hacen aquello para lo que fueron creados. Por ejemplo, un arado llega a su realización cuando se ara la tierra. Como súbditos del Señor, llegamos a nuestra realización cuando comprendemos nuestro potencial y colaboramos con la invitación permanente de Dios a vivir en su amor y a seguirlo. Nos alejamos de todas las cosas muertas de la vida que nos agobian y nos volvemos con fe hacia Dios. Este es el llamado a la santidad. Como líderes catequéticos, estamos formando discípulos para la misión, que saldrán a cambiar el mundo y nos ayudarán a nosotros y a otros a alcanzar el verdadero potencial de cada uno. Quizás nunca lleguemos a la perfección en esta vida, pero sabemos que, con la gracia de Dios, somos llamados a avanzar hacia esa perfección en pensamiento, palabras y hechos.

Para reflexionar y conversar

- ¿Qué es lo que me ha ayudado más a crecer en mi propia fe? ¿Es una fe plenamente madura?

- ¿Cómo diseño, en mi ministerio, procesos que acompañen a las personas desde una falta de madurez en la fe hasta una fe madura?

Madurar como líder catequético

"Los investigadores de *Pew* descubrieron que asistir a la Confraternidad de la Doctrina Cristiana no era un factor que determinaba si un adolescente católico estadounidense permanecía en la Iglesia Católica, se convertía al protestantismo o dejaba el cristianismo para convertirse en una persona 'sin afiliación'. El mejor predictor de la asistencia de los adultos a los servicios religiosos es tener una fe sólida

durante la edad adulta" (*Formación de Discípulos Intencionales*, 21–22). Como líderes catequéticos, es fácil suponer que todos nuestros catequistas son discípulos. Nuestros catequistas pueden estar en la etapa inicial, en la etapa intermedia o en una etapa avanzada del discipulado. Cuando pienso en mi equipo catequético, ¿cómo proporciono lo necesario para los que están en distintas etapas del discipulado? ¿Qué es lo que puedo hacer para ayudar a mis catequistas a crecer en la fe?

Visita www.loyolapress.com/lce para acceder a la hoja de ejercicios.

Acción sugerida

"Se empieza por escuchar a los adultos y dejar que los relatos de su vida y sus anhelos inspiren los servicios pastorales e informen la programación catequética. Extiendan la mano a los que con frecuencia son ignorados por la sociedad" (*Sentíamos arder nuestro corazón*, #80). Cuando pienso en las familias que han abandonado mi programa de formación de la fe, me cuestiono: ¿me he detenido a reflexionar sobre las verdaderas razones por las que se habrán ido? ¿Hay alguna familia cuyos motivos para marcharse no has comprendido? En los próximos días, reza para lograr un contacto personal con esta familia: contáctala y escucha los motivos por los que se marcharon. Esto requiere valor pero será de ayuda para todas las familias que están a tu cuidado.

Recursos adicionales

En español

Catequesis de adultos. Emilio Alberich Sotomayor, Ambroise Binz (Madrid: CCS, 2005).

Hacia una fe adulta. Héctor Muñoz (Barcelona: Centre de Pastoral Litúrgica, 2998).

Sentíamos arder nuestro corazón (Washington D.C.: Conferencia de Obispos Católicos de los Estados Unidos, 2009).

Una fe adulta. Rafael Calvo Beca (Ediciones FeAdulta).

En inglés

A Concise Guide to Adult Faith Formation [Guía concisa para la formación de la fe para adultos]. Neil A. Parent (Notre Dame, IN: Maria Press, 2010).

Adult Catechesis in the Christian Community [Catequesis para adultos en la comunidad cristiana]. (Liberia Editrice Vaticana, 1990).

Deepening Faith: Adult Faith Formation in the Parish [Profundizando la fe: formación de la fe para adultos en la parroquia]. Janet Schaeffler (Collegeville, MN: Liturgical Press, 2017).

Toward an Adult Church: A Vision of Faith Formation [Hacia una
Iglesia adulta: una visión de la formación de la fe]. Jane E.
Regan (Chicago: Loyola Press, 2002).

9

Vayan y hagan arder el mundo: la catequesis a través del lente evangelizador

¡Vayan y hagan arder al mundo!

El fuego ha desempeñado uno de los papeles más importantes en el progreso de la civilización. El mundo depende del calor y de la energía que produce el fuego más grande que hay cerca de la tierra: el sol. Sin el fuego no habría vida. El fuego y la vida van de la mano.

Y esto es también cierto para nuestra vida espiritual. La metáfora del fuego se usa a lo largo de toda la Biblia para indicar, directamente o por medio de personas, la presencia de Dios. Se describe a Dios como un "fuego devorador" (Hebreos 12:29); Jesús dice: "Vine a traer fuego a la tierra, y, ¡cómo desearía que ya estuviera ardiendo!" (Lucas 12:49); y se nos dice que seremos bautizados con el "Espíritu Santo y fuego" (Mateo 3:11). Sin el fuego de nuestra fe seríamos cristianos sin vida, sin fervor y energía. ¡No tendríamos ese "levántate y anda"!

Demasiado a menudo nuestro enfoque para la formación de la fe carece del fuego o de la energía que merece. San Ignacio de Loyola instó a sus seguidores a "¡hacer arder al mundo!". En este capítulo identificaremos distintas oportunidades para que el líder catequético se asegure de que todos los aspectos de la formación de la fe comuniquen un sentido de pasión, energía, inspiración y misión, y ayude a otros a arder con más intensidad.

Lo indispensable para encender el fuego: la regla de tres y tres

Como viví en Irlanda durante muchos años, me volví experta en encender el fuego. Muchas casas tienen grandes chimeneas en torno a las cuales se reúnen las familias. Una de las primeras lecciones que me enseñó mi madre fue que siempre debía crear una fogata en capas, colocando algunas piezas de carbón en el fondo, añadiendo algunas maderas para encender el fuego por encima, y luego rellenando con papel en el medio. Si colocamos un tronco grande o le ponemos demasiado carbón enseguida, el fuego acabaría por sofocarse y finalmente se extinguiría. Teníamos que atizar el fuego constantemente para que el calor subiera poco a poco en lugar de que ardiera demasiado rápido.

Al igual que un fuego se extingue o que se produce un cortocircuito por una carga de electricidad excesiva, como Iglesia hemos llegado a lo que el Papa Francisco denomina "exceso de diagnóstico" (*Evangelii Gaudium*, #50). Este exceso, ocasionado por un torbellino de actividades, en combinación con una merma de personal y de recursos económicos, puede tener el efecto de asfixiar el fuego de la vida parroquial. Si a nuestra agenda como ministros le agregamos más y más actividades, eventos, programas y preocupaciones, correremos el riesgo de que nuestro fuego merme hasta reducirse a meras brasas. El Papa Francisco nos recuerda que este peligro puede evitarse solo con un discernimiento evangélico que ponga la prioridad en el discipulado misionero. Esto implica cambiar de un modelo de ministerio que es más bien administrativo a un modelo misionero evangélico que resalta el desarrollo de las relaciones. Para lograrlo, necesitamos tomar la madera de nuestra vida parroquial ¡y planificar cómo crear una gran fogata!

Comencemos con lo indispensable para encender el fuego.

Durante el *Discurso del Santo Padre Francisco a los participantes en la Plenaria del Consejo Pontificio para la promoción de la nueva evangelización* (14 de octubre de 2013), el Papa convocó a "un proyecto pastoral que remita a lo esencial y que esté bien centrado en lo esencial, es decir, en Jesucristo. No es útil dispersarse en muchas cosas secundarias o superfluas, sino concentrarse en la realidad fundamental, que es el encuentro con Cristo, con su misericordia, con su amor, y en amar a los hermanos como Él nos amó".

Para la formación de discípulos son necesarios un proceso y una visión bien elaborados; sin embargo, en el ministerio muchos de nosotros tenemos poca experiencia en la articulación de un plan pastoral de largo plazo. No obstante, es útil considerar un plan pastoral como madera para encender el fuego. Un método para crear un plan pastoral saludable es utilizar lo que yo llamo "la regla del tres y tres". Esta metodología utiliza tres caminos para transformar un ministerio en un esfuerzo formador de discípulos, en combinación con tres preguntas puntuales, a saber:

1. **Discernimiento.** Antes de realizar una evaluación de la parroquia o de tu ministerio, considera el proceso en términos de discernimiento, y acompaña todo el proceso con mucha oración. Evalúa objetivamente tu ministerio, dedicando tiempo a rezar por la dirección a la que el Señor te está conduciendo, mientras reflexionas sobre las necesidades de las personas a las que estás sirviendo.

2. **Purificación.** Identifica éxitos, debilidades y oportunidades en tu ministerio. Busca las áreas que deban podarse de modo que pueda brotar nueva vida. No todo lo que hacemos da frutos, por lo que debemos dedicar tiempo a depurar los elementos fundamentales de nuestro ministerio. Examina lo que haya quedado obsoleto o ya no funcione. Dedica el tiempo necesario a

hacer el duelo, agradece por todo lo que fue y busca opciones para el futuro.

3. **Reforma.** Simplifica y reestructura tu ministerio para enfocarte en la formación de discípulos de Jesucristo. Desecha o reforma programas y procesos que no estén del todo alineados con este objetivo.

Con estos tres principios en cuenta, hazte las siguientes preguntas: para formar discípulos en mi vida personal y en mi ministerio,

- ¿qué debo comenzar a hacer?
- ¿qué debo dejar de hacer?
- ¿qué debo seguir haciendo?

A lo largo de los años estas preguntas han sido indispensables para ayudarme a sintetizar los elementos fundamentales de mi ministerio. Desde mi experiencia, puedo decirte que es mucho más fácil determinar lo que deberíamos seguir haciendo y comenzar a hacer que lo que deberíamos dejar de hacer. Las parroquias no están dispuestas a podar ministerios que ya no dan frutos y se sienten más cómodas manteniendo el ministerio ya existente, aunque tenga dificultades, al tiempo que añaden nuevos programas o eventos. Como resultado, todos los ministerios sufren a causa de la constante actividad. Entonces, cada nuevo ministerio corre peligro antes de que cualquier impulso o fuego pueda generarse.

Muchas de las cosas que hacemos brindan calidez a los corazones, pero debemos verlas desde una perspectiva realista y saludable. Jesús nos pide que vayamos y hagamos discípulos, no aficionados al bingo o invitados de pícnic. Y sin embargo a veces dedicamos más tiempo a planificar eventos e instalar mesas y sillas que a formar discípulos. Con el tiempo esto hace que nuestro fuego ministerial se extinga. Cada actividad debería tener el objetivo de llevar a las personas a un encuentro con Cristo. Si estás dedicando tiempo a actividades que no presentan a las personas a Cristo, entonces deja de hacerlas. Aunque esto suene severo, en última instancia te dejará libre para dedicar tiempo y esfuerzo a encender un fuego que sea capaz de mantenerse por sí solo más allá de tus sueños más increíbles.

Oportunidades de "madera blanda"

Encender un fuego es mucho más sencillo si utilizas madera blanda en lugar de madera dura. Se suele utilizar madera blanda en los materiales de construcción, y esta siempre debería ser tu primera opción a la hora de encender un fuego, pues arde más fácil y más rápido. En el ministerio catequético, encender un fuego con "madera blanda" significa llegar a aquellos que están en la etapa de preevangelización y generar confianza por medio de oportunidades creativas, que propicien la participación. Estas oportunidades son la "madera blanda" con la que puedes armar tu programa más fácilmente, comenzando por las personas que estén más cerca de ti. Más tarde puedes añadir la madera dura. Exploremos algunas oportunidades de "madera blanda" que puedes incorporar en tu programa catequético, comenzando con tus encuentros con los padres.

1. Noches de padres: catequizar furtivamente

Cuando trabajaba en la formación de la fe y en el ministerio juvenil, muchos jóvenes me contaban que nunca dialogaban sobre temas de fe con sus padres. Esos mismos padres admitían que su desconocimiento de la fe contribuía a generar sentimientos de inseguridad a la hora de hablar de asuntos, sobre todo de índole moral, con sus hijos. Si mi programa de educación religiosa iba a prosperar, sabía que era necesario fortalecer las oportunidades de que los padres se comunicaran con sus hijos, pero también de que se relacionaran con otros padres. Decidí renovar la "Noche de padres". En lugar de hablar de cosas como el manual de la parroquia, la cancelación de clases y demás, comencé a hablar de la fe católica de una manera real, fresca y sencilla. En ese entonces solía referirme a este enfoque como "CF": ¡catequesis furtiva!

Las noches de padres se convirtieron en una herramienta para evangelizar furtivamente a los padres que tenían hambre de comunidad pero no sabían cómo conectarse. Por lo general, yo le daba al programa un título atractivo y edificante. Después de varias noches de padres con asistencia moderada, los padres comenzaron a acercarse y a pedir más oportunidades para aprender sobre su fe. Invitaron a sus amistades, solicitaron determinados oradores y pidieron que se hiciera una serie de encuentros sobre temas que eran de su interés.

Por medio de esta experiencia aprendí algo importante: todos somos ministros *de* los adultos y *para* ellos. Si trabajas en el área de formación de la fe, este es un importante cambio de paradigma que se debe hacer. La catequesis centrada en los jóvenes no puede ocurrir en un vacío. Debemos involucrar a las familias y a los adultos de la comunidad para evangelizar y catequizar a nuestros hijos. Ofrecer a los padres apoyo práctico puede ayudar a generar confianza y a forjar relaciones que en última instancia permitirán compartir lo esencial del mensaje del Evangelio con ellos.

He aquí otras ideas de líderes catequéticos con los que he conversado.

- "Ayuda a los padres a reconocer y a manejar el exceso de actividades brindando un espacio donde puedan hablar sobre la vida real en la parroquia. No hay razón por la que un proceso de preevangelización para padres no pueda enfocarse más que nada en 'habilidades familiares' o en brindar apoyo a los padres sobre la base de los principios del Evangelio sin presentarles todavía el kerigma". —Jamie W., Colorado
- "Nuestros programas de educación religiosa deberían trabajar en conjunto con la formación de la fe para adultos a fin de crear eventos y procesos enfocados en brindar a los padres y a las

familias apoyo real en las áreas que deseen o necesiten. Los temas podrían incluir la creación de un presupuesto, la administración del tiempo, la disciplina de los hijos, la manera de ayudar a los hijos a cultivar buenos hábitos de aprendizaje, la comunicación, etcétera". —Sandy S., Idaho

- "Implementa un curso de discipulado para adultos enfocado en la conversión personal en la parroquia y consigue tus catequistas del grupo de personas que lo integran". —Carole B., Oklahoma

2. Forma a tus catequistas: invertir y equipar

Al principio de este libro hablamos de que el primer público de la nueva evangelización somos nosotros mismos. De ahí nos desplazamos al siguiente ámbito más cercano de influencia que, en nuestra vida personal, es nuestra familia. Pero en la parroquia, el siguiente ámbito de influencia más cercano para los líderes catequéticos es nuestro equipo catequético. Invertir tiempo en nuestros catequistas y equiparlos con habilidades de formación de discípulos (proclamación del kerigma, rezar con otros, reconocer las señales de "predisposición" para el discipulado) significa que ellos podrán discipular a sus estudiantes de manera más eficaz.

He aquí algunas perspectivas sobre cómo apoyar a los catequistas según ministros de todo el país:

- "Hacer que Jesús se refleje en nuestros catequistas es fundamental: ayudar a encontrar a Cristo, darle sus vidas a él, y ver su obra como catequistas a través del lente de esa relación. Hemos visto una marcada diferencia en los frutos de la educación religiosa una vez que les pedimos a los catequistas que pasen por un retiro evangelizador y un proceso evangelizador". —Diácono Keith Strohm, evangelista y autor de *Jesus: The Story You Thought You Knew* [Jesús: la historia que creíamos saber]

- "Ejemplifica cómo debe ser el discipulado en los encuentros de catequistas. Incorpora la oración, la *lectio divina* y la oración intercesora. Ten reuniones individuales con los catequistas. Invierte en ellos como personas, desarrolla relaciones con ellos para que (a) deseen llegar al nivel que tú esperas de ellos, pues les encanta trabajar para ti y (b) se sientan animados para crecer ya que saben que alguien los ama y los invita a llegar a tener una relación más profunda con Cristo. Esto, por supuesto, también debe ejemplificarse. Enséñales después cómo discipular a aquellos con quienes trabajan e incluso a los padres. Enséñales a forjar relaciones, a dar testimonio de la fe, a escuchar a otros, a hacer preguntas relevantes que sirvan de guía y que hagan reflexionar".
  —Jennifer B., Michigan

3. El kerigma: proclamar y repetir

El kerigma es fundamental para la tarea de formar discípulos. No es un acontecimiento único, sino uno que "hay que volver a escuchar de diversas maneras y ese que siempre hay que volver a anunciar de una forma o de otra a lo largo de la catequesis, en todas sus etapas y momentos" (Papa Francisco, *Evangelii Gaudium*, #164). Todos los procesos de formación implican entrar más y más profundamente en el kerigma.

He aquí algunas sugerencias para incorporar el kerigma:

- "Se debe incorporar el kerigma dentro de cada lección y se lo debe proclamar en cada oportunidad de alguna manera. Se ha tornado evidente para mí cuán inútil puede ser hablar de algo relacionado con el año litúrgico o de cualquier otra doctrina si no entendemos a la persona de Jesús y el mensaje que trae".
  —Rachel E., Illinois

- "En muchos entornos no católicos se repite el plan de salvación. Una vez. Y otra. Y otra. Esto es fundamental ya que no todas las personas están preparadas para responder a la misma edad o altura de la vida. El Papa Francisco nos recuerda en *Evangelii Gaudium* que nunca debemos cansarnos de hacer la proclamación inicial. Independientemente del currículo que se utilice o del tema de la lección, se debe proclamar lo esencial del Evangelio". —Colleen V., Indiana

- "La mayoría de los feligreses interactuarán dos o tres veces con el personal de la parroquia, por lo que cada integrante del personal debería saber cómo proclamarles el kerigma de manera adecuada. Por ejemplo, los padres de los niños que se encuentran en la etapa de Confirmación deberían escuchar el kerigma por parte de nuestro ministro de jóvenes de alguna manera cada semana; los feligreses también deberían escuchar el kerigma en la homilía de la misa, y, si leen mis artículos catequéticos, encontrarán una parte del kerigma en ellos. Mi objetivo para ellos es que estén totalmente envueltos por el mensaje central del Evangelio, pronunciado de distintas maneras y por distintas personas, de modo que este los inunde y se arraigue en su corazón". —Jennifer B., Michigan

Agregar "madera dura": cómo generar calor duradero

Una vez que se ha encendido el fuego, es fundamental añadirle madera dura. La madera dura arde más lentamente y genera un calor más constante y duradero. En tu programa de formación de la fe, incorporar ideas o modelos que necesitan más tiempo y que generan cambios más perdurables requiere un cuidadoso discernimiento y el apoyo del equipo parroquial. Estos cambios pueden ser más difíciles de manejar y más propensos a crear dificultades, por eso, asegúrate de considerar qué capas de cambio son las mejores para mantener el fuego ardiendo. A veces, en el ministerio sentimos "calor" desagradable debido a ciertas decisiones, pero añadir madera dura tiene el objetivo de generar un buen tipo de calor, es decir, un cambio duradero en tu programa de formación de la fe para el bien de todos aquellos a quienes sirves.

Veamos lo que otros líderes catequéticos de todo el país están haciendo para generar un calor duradero en sus programas.

1. Ministerio de retiros: encuentros con Cristo

Uno de los desafíos en nuestros programas de formación de la fe es el mismo de siempre: el tiempo. El desafío de disponer de poco tiempo para los estudiantes y los padres puede ser un obstáculo en el desarrollo de relaciones, pero también puede ayudarnos a priorizar calidad en lugar de cantidad. Planifica y diseña oportunidades para que los niños y sus padres tengan un encuentro con Cristo, ya sea en la oración semanal o en la adoración eucarística, o presentando a niños y padres a Cristo una y otra vez durante un período de tiempo más extenso.

He aquí lo que dos comunidades parroquiales están haciendo.

- "Una de las mejores cosas que he incorporado a mi programa son los retiros según el grado académico. Todos los estudiantes asisten a un retiro cada año. Yo los divido en grupos según el grado: kindergarten a segundo grado, grados tercero a quinto, sexto a octavo y secundaria. Estos retiros son para los estudiantes y sus padres. Me aseguro de que los padres comprendan que si no asisten al retiro, tampoco debería hacerlo su hijo, ya que la mayor parte del retiro se centra en trabajar juntos. En los retiros, doy consejos y herramientas a los padres sobre cómo transmitir nuestra fe a sus hijos según el nivel en el que están. Siempre doy tiempo para que los padres y los estudiantes puedan conversar de manera individual sobre diversos temas. Cada año tengo un tema que determina todos los retiros, lo que permite que las familias con varios hijos en el programa aprendan sobre el mismo tema en distintos niveles. He hecho esto durante cuatro años y suelo

tener asistencia del 80% o más en cada retiro". —Danielle E.,
Wisconsin

- "En un retiro familiar de fin de semana que se realiza en la
parroquia se presenta a las familias el camino del discipulado
intencional. Este retiro se ofrece varias veces al año y es un punto
de entrada para todas las familias con hijos que desean una
formación familiar. El objetivo es doble: permitir a las familias
conocerse entre ellas y presentar el camino del discipulado
intencional para familias. Nuestra parroquia centra su visión y
misión en torno a tres etapas en el proceso de discipulado. Se
llama a las familias a (1) escuchar el llamado de Jesús para ser sus
discípulos, (2) entregar sus vidas enteras a Jesús y (3) participar
en la misión redentora de Jesús. Además de este punto de
entrada, otra opción que ofrecemos es que las familias se reúnan
con alguien de nuestro personal o con algún catequista principal
y compartan su historia familiar de fe". —Bobby V., California

2. Nuevos modelos: encender un fuego nuevo

Muchas parroquias están reexaminando el modelo tradicional de enseñanza que se usa en la formación de la fe y lo están rediseñando o
mejorando. A continuación, dos ejemplos para tener en cuenta:

- "No solo tenemos familias con demasiadas actividades, que se
sienten estresadas, sino que también disponemos de poco espacio
en nuestra parroquia, por lo que desarrollamos un enfoque de
componentes múltiples llamado 'Familias que viven la fe'. Las
familias asisten a una reunión al mes en la que se enseña a los
niños en grupos pequeños con catequistas, mientras que los
padres participan en la formación de la fe para adultos. Los
padres enseñan a sus hijos los dos siguientes capítulos en casa,
con apoyo de una plataforma digital en línea. Los catequistas
comentan que los niños recuerdan más, de un año a otro, y hay
un beneficio secundario: ¡los padres aprenden mientras enseñan!

En este enfoque se incluye un componente de la vida de la parroquia llamado 'Explora cuatro', que se concentra en la participación plena en la vida de la parroquia en cada una de las cuatro áreas que abarca: oración, servicio, aprendizaje y vida social. Las familias reflexionan y comparten sus experiencias en el boletín, en el sitio web, en Facebook, en la publicación parroquial y en la sesión para padres. Esto ayuda a que nuestras familias se conviertan en evangelizadoras de otras familias. Todavía tenemos padres que no aceptan este papel como nos gustaría, pero una vasta mayoría de padres sí lo acepta, y la presión del grupo para participar es una presión muy positiva. Los dos últimos años (y ya van diez) han sido asombrosos". —Denise U., Illinois

- "Estamos buscando crear un proceso en el que las familias puedan desarrollar una idea clara de las etapas por las que necesitan pasar para convertirse en una familia de discípulos intencionales. Esto implicaría que en un futuro cercano las familias se reunirían con otras familias que se encuentran en etapas similares del camino. A las familias no simplemente se las agruparía y se las enseñaría según las edades, sino sobre la base específica del punto en que se encuentra cada una en su camino hacia el discipulado intencional". —Bobby V., California

Recuperar el fuego de la vida parroquial

Si bien es posible que nuestras parroquias tengan debilidades, siguen siendo los mejores lugares para formar personas en la fe para servir al mundo. La parroquia son las personas, no es simplemente un edificio o un distrito. La parroquia es donde el Pueblo de Dios se reúne para arder y salir a compartir la llama de esa fe con los demás. La evangelización y la catequesis deben seguir arraigadas en la parroquia. La parroquia es el primer punto de contacto para la mayoría de los católicos, sobre todo aquellos que han estado lejos de la Iglesia y que buscan volver a la práctica regular de su fe católica. Es en la parroquia donde interactuamos con la comunidad de la Iglesia en general, nos nutrimos de las Sagradas Escrituras y los sacramentos, y tenemos la oportunidad de recibir una formación inicial y continua en la fe. Las parroquias deben estar equipadas para ver cómo cada aspecto de su vida y ministerio es una oportunidad para salir y hacer discípulos de todas las naciones, bautizando al mundo con el fuego del Espíritu Santo.

La verdadera prueba para nosotros como líderes catequéticos evangelizadores reside en comprobar si aquellos a quienes hemos evangelizado saldrán después a evangelizar a otros. Como señala el Papa Pablo VI: "He ahí la prueba de la verdad, la piedra de toque de la evangelización: es impensable que un hombre haya acogido la Palabra y se haya entregado al reino sin convertirse en alguien que a su vez da testimonio y anuncia" (*Evangelii Nuntiandi*, #24).

¡Es hora de volvernos pirómanos por nuestra fe y hacer arder al mundo!

Resumen: Si dan fruto abundante

"Mi Padre será glorificado si dan fruto abundante y son mis discípulos". (Jn 15:8)

Como líderes catequéticos se nos pide dar fruto abundante en nuestra vida y en nuestros ministerios. Se nos pide dar el fruto del carácter cristiano y de la conducta cristiana en nosotros mismos y en otros de modo que Dios pueda tener una cosecha abundante. Dar y cultivar fruto conscientemente en nuestros ministerios significa que debemos conocer lo que está floreciendo en nuestros ministerios y atender aquellas áreas de escasez y descuido.

Mientras reflexionas sobre tu ministerio, ¿hay áreas que estén fuera de control y deban podarse? ¿Hay brotes que estén creciendo y deban dejarse solos para que florezcan? Si llevamos a cabo nuestro ministerio con alegría y prestando atención a nuevos métodos de crecimiento y nuevas expresiones de frutos, tendremos abundancia a la hora de cosechar. ¡El dar fruto glorifica a Dios!

Para reflexionar y conversar

- ¿Mi fuego arde intensamente? ¿De qué manera mi ministerio anima a las personas en la fe? ¿Qué madera necesito añadir para que siga ardiendo?
- ¿Qué eventos, actividades o procesos pueden estar apagando mi ministerio?

Madurar como líder catequético

"Es más sencillo enseñar una lección rápida sobre el sacramento del Bautismo a los padres primerizos que sentarse con ellos individualmente para hablar sobre sus más grandes miedos y esperanzas como nuevos padres. . . . Asiste a suficientes clases, completa un programa, asiste al retiro anual y estarás calificado para tu primera Reconciliación, tu Primera Comunión y el sacramento de la Confirmación" [v.d.t.] (Jared Dees, *To Heal, Proclaim, and Teach*, [Sanar, proclamar y enseñar] 8). Como líder catequético, ¿cómo cultivo un programa que responda a las esperanzas de las personas y disminuya sus temores? Cuando inscribo a una nueva familia, por ejemplo, ¿dedico tiempo a sentarme con sus integrantes y conocerlos, y a saber de su historia para que se sientan conectados con la comunidad parroquial?

Visita www.loyolapress.com/lce para acceder a la hoja
de ejercicios.

Acción sugerida

Existen muchas organizaciones locales y nacionales, así como publicaciones en todo el país, dedicadas a la catequesis. Una de estas organizaciones es la *National Conference for Catechetical Leadership* (NCCL)
[Conferencia Nacional para el Liderazgo Catequético], la única organización independiente a nivel nacional que sirve exclusivamente a los
líderes catequéticos. La NCCL brinda muchos recursos a los líderes
catequéticos, entre ellos una revista mensual titulada *Catechetical Lea-
der* [El líder catequético]. Si aún no eres miembro de la NCCL,
considera asociarte. Si ya eres miembro, ¿a quién puedes invitar para
que se una a ella?

Recursos adicionales

En español

La parroquia, comunidad evangelizadora. Miguel Payá Andrés
   (España: PPC Editorial, 2005).

*La reconstrucción de una parroquia: motivar al que está cerca, llegar
   al que está lejos, hacer que la Iglesia cuente.* Michael White y
   Tom Corcoran (Liguori Publications, Ave Maria Press, 2014).

Nueva parroquia evangelizadora. Jesús Álvarez Maestro (Madrid:
   EDIBESA, 2012).

En inglés

A Church on the Move: 52 Ways to Get Mission and Mercy in Motion
   [Una iglesia en movimiento: 52 maneras de poner en
   movimiento la misión y la misericordia]. Joe Paprocki
   (Chicago: Loyola Press, 2016).

Creating the Evangelizing Parish [Creando la parroquia evangelizadora]. Frank P. DeSiano, CSP, y Kenneth Boyack, CSP (Mahwah, NJ: Paulist Press, 1993).

To Heal, Proclaim, and Teach: The Essential Guide to Ministry in Today's Catholic Church [Sanar, proclamar y enseñar: la guía esencial para el ministerio en la Iglesia católica de hoy]. Jared Dees (Notre Dame, IN: Ave Maria Press, 2016).

10

Tu biblioteca catequética: documentos de la Iglesia sobre evangelización y catequesis

¿Quién te respalda?

Es habitual que cuando se muestra a un abogado en una conferencia de prensa, este aparezca delante de estantes llenos de volúmenes de libros de derecho. El mensaje es claro: a este abogado lo respaldan la autoridad de la ley y el peso del mundo jurídico.

A nosotros también, como ministros catequéticos, nos respalda la autoridad: la autoridad de la Iglesia y el peso de la Tradición católica. La Tradición, cuando nos referimos a la autoridad pedagógica de la Iglesia, se suele escribir con "T" mayúscula para distinguirla de esas otras tradiciones (con "t" minúscula) que son prácticas y costumbres pero no parte de la revelación divina. El contenido de la Tradición es la fe genuina en sí, dada a los apóstoles por Cristo y transmitida fielmente a cada generación.

En nuestro ministerio catequético somos parte de esta Tradición y contamos con la guía, el apoyo y la iluminación de muchos documentos pastorales y catequéticos emitidos por el liderazgo de la Iglesia a lo largo de los años. Este capítulo sirve como bibliografía comentada de los documentos de la Iglesia sobre la evangelización y catequesis que todo líder catequético debe conocer. También incluye una breve descripción de cómo se "pesan" los documentos de la Iglesia.

La autoridad y el peso del mundo católico

Con cada año universitario que pasaba, mi mochila parecía volverse más pesada y mi billetera más liviana mientras compraba los libros necesarios para mis clases. Cuando era estudiante de posgrado, mis dolores de espalda me recordaban que llevaba el peso del mundo católico en mis hombros mientras iba de una clase a otra. Nuestros profesores nos decían que esos libros eran una inversión para nuestro futuro; y tenían razón. Cuando necesito consultar algo específico sobre un tema de teología, vuelvo a asesorarme con muchos de estos libros. A lo largo de los años me he visto acumulando una gran colección de libros que considero lecturas obligadas para el ministerio. Constituciones apostólicas, exhortaciones y encíclicas descansan lado a lado en mi biblioteca junto con declaraciones y decretos.

Con todos los documentos emitidos en las últimas décadas, quizás te preguntes qué diferencia hay entre ellos y cuánta importancia debería dárseles. En general, existen cuatro tipos de documentos eclesiales.

1. Los documentos papales, que incluyen las encíclicas, las exhortaciones y las constituciones apostólicas emitidas por el papa con su propio nombre.

2. Los documentos conciliares, emitidos por los concilios ecuménicos de la Iglesia y promulgados con el nombre del papa.

3. Los documentos de la Curia, emitidos por los dicasterios (oficinas, tribunales y concilios) de la Sede romana o el Vaticano.

4. Los documentos de los obispos, emitidos por obispos individuales o por conferencias nacionales de obispos.

El "peso" de autoridad detrás de los diversos documentos oficiales de la Iglesia católica depende de la historia dogmática de la enseñanza y de la intención del Santo Padre. Analicemos algunos de los documentos más comunes y el peso de autoridad que se les atribuye. En orden de autoridad, son:

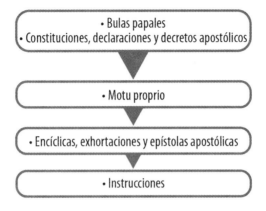

Los mandamases: las bulas papales. Denominados según el sello principal, o *bulla*, que se le colocaba al documento para su autenticación, las bulas papales se reservan para los decretos más formales de la Iglesia, por ejemplo, aquellos que aclaran cuestiones de doctrina, ratifican documentos, declaran un jubileo o fundan una universidad. Como todos los documentos papales, las bulas comienzan con las primeras palabras del texto oficial en latín. Cuando el Papa Francisco anunció el Jubileo Extraordinario de la Misericordia el 11 de abril de 2015, emitió una bula llamada *Misericordiae Vultus*, que significa "el rostro de la misericordia". El dogma de la Asunción de la Santísima Madre se emitió también en la forma de una bula papal llamada *Munificentissimus Deus*, que significa "El Dios más generoso". Las constituciones, las declaraciones y los decretos apostólicos se suelen emitir como bulas papales. Ejemplos de este tipo de documentos incluyen el *Catecismo de la Iglesia Católica* y el *Código de Derecho Canónico*. Estos se consideran documentos legislativos. Contienen elementos dogmáticos o doctrinales y son de cumplimiento obligatorio en toda la Iglesia.

Proyectos favoritos: motu proprio. Los asuntos legislativos que no ameritan una constitución y son emitidos por el papa por su propia iniciativa se consideran emitidos *motu proprio* (que en latín significa "por iniciativa propia"). Me gusta pensar en estos documentos como los proyectos favoritos del papa. Abordan asuntos específicos relacionados con la Iglesia en un momento específico de la historia. El documento *Intima Ecclesiae Natura* (*La naturaleza íntima de la Iglesia*), por ejemplo, fue emitido en 2012 por el Papa Benedicto XVI y aclara las pautas para organizaciones católicas de caridad.

Encíclicas apostólicas. La palabra *encíclica* significa "carta circular". Las encíclicas apostólicas son cartas papales de naturaleza pastoral, amplias en alcance y arrojan luz sobre la doctrina. No se las considera enseñanza definitiva a menos que se las establezca como tal. El saludo de la encíclica menciona al público al que se dirige. Por ejemplo, la encíclica *El Evangelio de la vida* de san Juan Pablo II (1995) comienza con el saludo "Juan Pablo II a los obispos, a los sacerdotes y diáconos, a los religiosos y religiosas, a los fieles laicos y a todas las personas de buena voluntad sobre el valor y el carácter inviolable de la vida humana". La enseñanza que contiene la encíclica exige respeto y aprobación aunque no se la haya declarado formalmente infalible.

Exhortaciones apostólicas. Se trata de reflexiones papales dirigidas a la Iglesia, al clero y a los fieles. Normalmente no contienen definiciones ni políticas dogmáticas y no se consideran legislativas. En cambio, exhortan o animan a las personas a implementar un aspecto particular de la vida y la enseñanza de la Iglesia. Algunos ejemplos de exhortaciones apostólicas incluyen *Evangelii Nuntiandi* (*Acerca de la evangelización en el mundo contemporáneo*) del Papa Pablo VI, *Christifideles Laici* (*Sobre vocación y misión de los laicos*) de san Juan Pablo II, *Verbum Domini* (*Sobre la Palabra de Dios*) del Papa emérito Benedicto XVI y *Evangelii Gaudium* (*Exhortación apostólica sobre el anuncio del Evangelio en el mundo actual*) del Papa Francisco. Esta exhortación sucedió al Sínodo de los obispos sobre la nueva evangelización y exhorta a los fieles (es decir, a ti y a mí) a vivir la nueva evangelización y a proclamar la alegría del Evangelio en todo el mundo.

Epístolas apostólicas. Estas cartas generalmente se redactan en respuesta a una necesidad específica o se dirigen a un grupo particular de personas. Suelen ser de naturaleza pastoral y no se consideran documentos legislativos.

Instrucciones. Estos escritos son emitidos por congregaciones con la aprobación del papa. Amplían la fuerza legislativa de las constituciones apostólicas y detallan cómo deben aplicarse. Un ejemplo de una instrucción apostólica es *Liturgiam Authenticam* (*La auténtica liturgia*), que describe la implementación de la Constitución sobre la liturgia del Concilio Vaticano Segundo, *Sacrosanctum Concilium*.

Cartas pastorales. Son documentos oficiales emitidos por una conferencia nacional de obispos como la Conferencia de Obispos Católicos de los Estados Unidos. Deben ser siempre consistentes con las enseñanzas de la Iglesia universal y por lo general requieren confirmación oficial de la Santa Sede para ser efectivas. Algunos ejemplos son *Justicia económica para todos: carta pastoral sobre la enseñanza social católica y la economía de los E.U.A.*, y *Matrimonio: el amor y la vida en el plan divino*, ambas emitidas por la Conferencia de Obispos Católicos de los Estados Unidos.

La lista de libros esenciales para la evangelización y la catequesis

Ahora que hemos echado un vistazo a la forma en que se pesan los documentos, consideremos algunos de los documentos y recursos que todo líder catequético debe conocer. Cuando trabajaba como directora de educación religiosa parroquial, el *Catecismo de la Iglesia Católica*, el *Directorio General para la Catequesis* y el *Directorio Nacional para la Catequesis* eran la "santísima trinidad" de los libros catequéticos, que solía consultar con frecuencia en mi trabajo. Mucho más accesibles y prácticos de lo que muchos creen, el *DGC* y el *DNC* fueron especialmente valiosos al momento de visualizar o fijar metas en mi ministerio.

Catecismo de la Iglesia Católica (CIC)

Promulgado como una constitución apostólica por san Juan Pablo II en 1992, el *Catecismo de la Iglesia Católica* es un catecismo o compendio "universal" de la enseñanza de la Iglesia, diseñado para ser el punto de referencia para los catecismos nacionales en todo el mundo. Se lo considera una presentación completa y precisa de las enseñanzas de la Iglesia y pretende ser el recurso principal de los obispos y líderes catequéticos. El *Catecismo* se divide en cuatro partes principales, llamadas los "cuatro pilares". San Juan Pablo II llamó a estos cuatro pilares "los cuatro movimientos de una gran sinfonía". Los pilares son:

1. El Credo (lo que la Iglesia cree)
2. Los sacramentos (lo que la Iglesia celebra)
3. Los Mandamientos (lo que la Iglesia vive)
4. El Padrenuestro (lo que la Iglesia reza)

La adaptación más reciente del *Catecismo* para el contexto de los Estados Unidos es el *Catecismo Católico de los Estados Unidos para los adultos (CCEUA).*

Compendio del Catecismo de la Iglesia Católica

Publicado por la Conferencia de Obispos Católicos de los Estados Unidos en 2006, el *Compendio del Catecismo de la Iglesia Católica* ofrece una sinopsis clara del contenido esencial de la fe promulgado en el *Catecismo de la Iglesia Católica*. Se resume en 598 preguntas y respuestas interesantes y accesibles. El *Compendio* tiene una estructura de cuatro partes e incluye una sección de oraciones comunes y fórmulas doctrinales católicas. Es un recurso útil para trabajar con estudiantes de escuela media y secundaria, ¡quienes hacen muchas preguntas difíciles!

Directorio General para la Catequesis (DGC)

El *Directorio General para la Catequesis* (1997) detalla los aspectos teóricos y prácticos que enlazan la catequesis con la evangelización. Dirigido al clero y a los líderes catequéticos, no debería considerarse un manual de instrucciones, sino una declaración de visión, objetivos y métodos para la evangelización y la catequesis. El *DGC* brinda a los educadores religiosos, maestros y catequistas un solo punto de referencia para todos los aspectos de la formación catequética.

Directorio Nacional para la Catequesis (DNC)

Del mismo modo que el *Catecismo Católico de los Estados Unidos para los adultos* es una adaptación local del *Catecismo de la Iglesia Católica*, el *DNC* es una adaptación del *DGC* para la Iglesia de los Estados Unidos. Como complemento del *DGC*, el *DNC* se fundamenta en los temas centrales del *DGC*, entre ellos los desafíos del ministerio catequético en los Estados Unidos, las oportunidades para el crecimiento y las maneras de vincular la catequesis con la evangelización y la liturgia. La sección inicial sobre los desafíos del ministerio de la catequesis es un recurso valioso y ofrece un contexto útil para los desafíos comunes que los catequistas enfrentan en la parroquia.

Catechesi Tradendae (Sobre la catequesis en nuestro tiempo) (CT)

Se publicó en 1979, después de la cuarta asamblea general del Sínodo de los obispos que se llevó a cabo en 1977. Fue la primera exhortación apostólica de san Juan Pablo II sobre la catequesis y la formación religiosa en el mundo moderno. Se presta atención especial a la catequesis de los jóvenes, por lo que esta exhortación debería considerarse de lectura obligatoria para todo líder catequético.

Evangelii Nuntiandi (Acerca de la evangelización en el mundo contemporáneo) (EN)

Evangelii Nuntiandi, una exhortación apostólica del Papa Pablo VI, es considerada la "carta magna" sobre la evangelización católica y sigue siendo relevante y oportuna. La exhortación afirma la función de cada cristiano de difundir el Evangelio de Jesucristo y se divide en siete secciones, con una introducción. *Evangelii Nuntiandi* define la evangelización católica (lo cual es muy útil), el contenido de la evangelización y los beneficiarios o el público destinatario de la evangelización.

Evangelii Gaudium (La alegría del Evangelio) (EG)

Evangelii Gaudium fue promulgada por el Papa Francisco en 2013 después del decimotercer Sínodo de los obispos en 2012. El tema del Sínodo fue "La nueva evangelización para la transmisión de la fe cristiana". Como exhortación apostólica, el documento exhorta o anima a todos los cristianos a convertirse en discípulos misioneros de modo que la renovación eclesial sea duradera y fructífera. El tono del documento es considerablemente menos académico y más informal que las exhortaciones apostólicas anteriores. Contiene muchas secciones excelentes para los líderes catequéticos sobre la *lectio divina,* la oración, consejos prácticos para la evangelización y las señales de una comunidad evangelizadora.

Compendio en la nueva evangelización

Publicado por el Pontificio Consejo para la promoción de la nueva evangelización en 2015, el *Compendio en la nueva evangelización* reúne en un gran volumen todos los documentos fundacionales sobre la nueva evangelización entre 1939 y 2012. Como libro de referencia es indispensable para consultar la historia, expresión y riqueza de la nueva evangelización.

Vayan y hagan discípulos: Plan y Estrategia Nacional para la Evangelización Católica en los Estados Unidos

Publicado por la Conferencia de Obispos Católicos de los Estados Unidos en 1992, este documento detalla principios, estrategias y objetivos prácticos para la evangelización y pretende brindar impulso para la acción. El documento se divide en dos secciones. La primera sección detalla la visión y los objetivos de la evangelización, mientras que la segunda describe estrategias prácticas para la implementación.

Discípulos llamados a dar testimonio: la nueva evangelización

Esta declaración del Comité sobre evangelización y catequesis de la Conferencia de Obispos Católicos de los Estados Unidos se publicó en 2013. Se centra en llegar a los católicos, practicantes o no, que han perdido el sentido de la fe y buscan profundizar su relación con Jesucristo y su Iglesia. Este recurso examina la nueva evangelización, su enfoque, su importancia para la Iglesia y la forma en la que las diócesis y las parroquias pueden promoverla y planificar teniéndola en cuenta.

Sentíamos arder nuestro corazón: plan pastoral de los Estados Unidos para la formación de la fe del adulto

Este documento publicado en 1999 por la Conferencia de Obispos Católicos de los Estados Unidos propone un plan para revitalizar la formación de la fe para adultos en todo el territorio de los Estados Unidos. Este documento sigue siendo un valioso recurso para crear programas intencionales, organizados y sistemáticos en alcance y secuencia para los adultos. El documento resalta que la formación de la fe para adultos debe ubicarse en el centro de la misión educativa de la Iglesia en vez de relegarse a la periferia, como ha ocurrido durante muchos años. La sección sobre cómo formar adultos en su fe es especialmente útil para líderes catequéticos que brindan formación a sus catequistas.

Adult Catechesis in the Christian Community (ACCC) [Catequesis para adultos en la comunidad cristiana]

Publicada en 1990 por el Consejo Internacional para la Catequesis de la Santa Sede, este documento afirma la centralidad de la catequesis para adultos y describe el público, los criterios y los puntos de referencia para la catequesis para adultos. Se incluyen pautas para la implementación práctica junto con modelos de organización y métodos de implementación.

Guidelines for Doctrinally Sound Catechetical Materials (GDSCM) [Pautas para materiales catequéticos doctrinalmente bien fundamentados]

Publicado por la Conferencia de Obispos Católicos de los Estados Unidos en 1990, este documento ofrece pautas para editoriales y otras entidades para la producción de materiales catequéticos consecuentes con las enseñanzas de la Iglesia católica.

Sons and Daughters of the Light: A Pastoral Plan for Ministry with Young Adults [Hijos e hijas de la luz: plan pastoral para el ministerio con adultos jóvenes]

En este documento, publicado inicialmente por la Conferencia de Obispos Católicos de los Estados Unidos en 1997, los obispos brindan una guía eficaz para ayudar a los adultos jóvenes a descubrir las respuestas a las preguntas más profundas de la vida por medio de una relación personal con Jesús y la Iglesia.

Doctrinal Elements of a Curriculum Framework for the Development of Catechetical Materials for Young People of High School Age [Elementos doctrinales de un marco curricular para el desarrollo de materiales catequéticos para jóvenes en edad de educación secundaria]

Este documento, publicado en 2008 por la Conferencia de Obispos Católicos de los Estados Unidos, ofrece orientación para la creación de contenido doctrinal para textos y materiales catequéticos, desarrollo del currículo e instrucción catequética que define y presenta la enseñanza de la Iglesia a los jóvenes que cursan la escuela secundaria. Este documento es un recurso útil para escuelas secundarias católicas, programas parroquiales de formación de la fe o catequesis en el hogar.

Adaptation of Doctrinal Elements of a Curriculum Framework for the Development of Catechetical Materials for Young People of High School Age [Adaptación de elementos doctrinales de un marco curricular para el desarrollo de materiales catequéticos para jóvenes en edad de escuela secundaria]

Se trata de un marco curricular, publicado por la Conferencia de Obispos Católicos de los Estados Unidos en 2010, que está diseñado para brindar contenido sistemático destinado a orientar la formación catequética de estudiantes de escuela secundaria, la cual se lleva a cabo en programas parroquiales de educación religiosa y en programas de ministerio de jóvenes.

To Teach as Jesus Did [Enseñar como lo hizo Jesús]

Esta primera carta pastoral de la Conferencia de Obispos Católicos de los Estados Unidos fue dedicada a la educación católica y se vio influenciada en gran medida por los temas y el lenguaje del Concilio Vaticano Segundo. Publicado en 1972, el documento afirma que "la misión educativa de la Iglesia es un ministerio integrado que comprende tres dimensiones entrelazadas: el mensaje revelado por Dios (*didaché*) que proclama la Iglesia; comunión en la vida del Espíritu Santo (*koinonia*); servicio a la comunidad cristiana y toda la comunidad humana (*diakonia*)" [v.d.t.] (14). ¡Antiguo pero valioso!

Ritual de la Iniciación Cristiana de Adultos (RICA)

El *Ritual de la Iniciación Cristiana de Adultos (RICA)* fue promulgado el 6 de enero de 1972, y su uso se hizo obligatorio en todas las diócesis de los Estados Unidos en 1988. El RICA es un proceso por medio del cual hombres y mujeres bautizados y no bautizados ingresan a la Iglesia católica, e incluye cuatro etapas distintas de formación:

- evangelización o precatecumenado
- catecumenado
- celebración sacramental
- mistagogia

Cambio y fuera: ¡Tú decides el resto!

Con cualquier proyecto digno de realizar viene un momento en el que la tarea por enfrentar parece tan colosal que puede paralizarnos. En algún punto, mientras escribía este libro, tuve esas mismas sensaciones y acudí a un buen amigo buscando apoyo y aliento. Me recordó la necesidad de este libro entre líderes catequéticos en todo el país y me recordó que hace veinte años no había libros como este. "Tú puedes", me recordó. "Lo *estás* haciendo", me dijo.

Me he dado cuenta de que escribir un libro es como dar a luz: hermoso, pero muy, muy doloroso. Muchas veces me sentí como "la pequeña locomotora que sí pudo" mientras avanzaba y resoplaba a través de cada capítulo. *Creo que sí puedo, creo que sí puedo*, me lo pasaba repitiendo. Lento pero seguro, las palabras *creo que sí puedo* se convirtieron en ¡*sí pude!*

El ministerio funciona de la misma manera. Es hermoso pero por momentos doloroso. Si estás leyendo este libro y sientes ataques de ansiedad sobre la tarea que tienes por delante como líder catequético, aprende de memoria las siguientes palabras de las Sagradas Escrituras: "'Todo el que invoque el nombre del Señor se salvará'. Pero, ¿cómo lo invocarán si no han creído en él? ¿Cómo creerán si no han oído hablar de él? ¿Cómo oirán si nadie les anuncia? ¿Cómo anunciarán si no los envían?" (Romanos 10:13–15). Tu vocación para el ministerio de liderazgo catequético es nada más ni nada menos que un llamado de Dios que te ha enviado a hacer discípulos entre todos los pueblos. Tu vida y tu ministerio constituyen una misión importante y necesaria para la construcción del Reino de Dios. En su homilía inaugural el 24 de abril de 2005, el Papa Benedicto XVI nos recordaba que debemos ponernos "en camino como Cristo para rescatar a los hombres del desierto y conducirlos al lugar de la vida, hacia la amistad con el Hijo de Dios, hacia Aquel que nos da la vida, y la vida en plenitud. . . . Nada hay más hermoso que haber sido alcanzados, sorprendidos, por el Evangelio, por Cristo".

No podemos hacer esta tarea solos, pero hay una comunidad de líderes catequéticos en todo el país, y de hecho en todo el mundo, que te ayudará y caminará contigo.

La evangelización y la catequesis están en el corazón mismo de la vida parroquial. Es el momento de reorientar nuestros ministerios de maneras que hablen a la experiencia vivida de las personas. Hemos sido enviados por Dios para enseñar, orientar, evangelizar y sí, catequizar. El ayer ya pasó, el mañana aún no llega. Ha llegado el momento. Es hora de comenzar.

Resumen: Echa las redes para pescar

Cuando [Jesús] acabó de hablar, dijo a Simón: "Navega lago adentro y echa las redes para pescar". (Lc 5:4)

Como líderes catequéticos, trabajamos muchas horas en el ministerio. Echamos las redes, esperamos la pesca, pero a veces nada sucede. No hay pesca. Cansados y frustrados, a veces perdemos las esperanzas.

Pero en su tiempo, a su manera, el Señor nos anima a adentrarnos en lo profundo y a esperar una abundancia de peces.

Los recursos claramente no eran el problema para los discípulos. Tenían los recursos correctos: tenían redes y una barca. Pero para encontrar peces tenían que navegar en aguas profundas. De modo similar, tenemos abundancia de recursos catequéticos a nuestro alcance, pero debemos adentrarnos en nuestras propias aguas profundas para encontrar los peces. En muchas ocasiones dudamos en navegar a gran profundidad porque tenemos miedo de intentar algo nuevo o diferente. Pero Pedro nos enseña que, si somos fieles a Jesús y creemos en él con todo el corazón, ocurrirán grandes cosas en nuestros ministerios, mucho más de lo que pudiéramos haber imaginado. Líderes catequéticos, ¡a las aguas profundas! ¿Están listos para la pesca?

Para reflexionar y conversar

- ¿Qué documentos de la Iglesia consulto con más frecuencia en mi ministerio? ¿Qué documentos desconozco?

- ¿Cómo puedo incorporar nuevo aprendizaje a mi ministerio?

- ¿Cómo puedo equipar a mis catequistas con los recursos más importantes de la Iglesia?

Madurar como líder catequético

Para un líder catequético es esencial conocer los documentos guía del ministerio catequético. A veces olvidamos la sabiduría de los documentos y nos basamos en ciertos recursos más que en otros porque nos son conocidos y nos sentimos cómodos con ellos. ¿Qué documentos de este capítulo desconoces? Este año, elige uno o dos documentos con los que puedas familiarizarte, y esfuérzate por leerlos y reflexionar sobre ellos durante el año.

Visita www.loyolapress.com/lce para acceder a la hoja de ejercicios.

Acción sugerida

Presta atención a los diversos documentos publicados por la Santa Sede. Toma la decisión de elegir uno de los documentos que quizás no hayas considerado leer antes y esfuérzate por encontrar una relación entre su tema y tu ministerio catequético. Haz un esfuerzo por dialogar sobre este recurso con uno o más amigos en el ministerio. Elige una cita o un pasaje específico del documento que te hable y esfuérzate por vivir lo central de ese sentimiento en tu ministerio.

Recursos adicionales

En español

La Escritura en la Tradición. Henri de Lubac (Madrid; Agapea, Libros Urgentes: Biblioteca Autores Cristianos, 2015).

Para comprender el Vaticano II. César Izquierdo Urbina (Libros Palabra, 2013).

En inglés

A Concise Guide to the Documents of Vatican II [Guía concisa de los documentos del Concilio Vaticano Segundo]. Edward P. Hahnenberg (Cincinnati, OH: St. Anthony Messenger Press, 2007).

Scripture and Tradition in the Church [Las Sagradas Escrituras y la Tradición en la Iglesia]. Patrick Madrid (Manchester, NH: Sophia Institute Press, 2014).

The Catechetical Documents: A Parish Resource [Los documentos catequéticos: recurso para parroquias]. Martin Connell (Chicago: Liturgy Training Publications, 2007).

Acerca de la autora

Julianne Stanz es una conferencista conocida a nivel nacional, líder de retiros y escritora que vivió y creció en Irlanda. Es la directora de nueva evangelización para la Diócesis de Green Bay y consultora del Comité de Catequesis y Evangelización de la Conferencia de Obispos Católicos de los Estados Unidos. Julianne está casada y tiene tres hijos. Pasa su tiempo leyendo, escribiendo, enseñando y coleccionando vidrios marinos.

La serie El líder catequético eficaz

Ya sea que estés iniciando tu labor como líder catequético o que lleves sirviendo por muchos años, la serie **El líder catequético eficaz** te ayudará a usar cada aspecto de este ministerio para proclamar el Evangelio e invitar a las personas al discipulado.

Llamados por nuestro nombre:
Prepararse para la vocación de líder catequético

Liderazgo catequético:
Cómo deber ser, cómo debe organizarse y a quién debe servir

Formar discípulos de Cristo:
Cómo entender la relación fundamental entre la catequesis y la evangelización

Cultivar catequistas:
Cómo reclutar, alentar y conservar a catequistas exitosos

Excelencia en el ministerio:
Las mejores prácticas para un liderazgo catequético exitoso

Todo el pueblo de Dios:
Catequesis eficaz en una Iglesia diversa

Cada libro de la serie **El líder catequético eficaz** está disponible al precio de $13.95, o la serie completa por $65.00.

Para hacer sus pedidos:
llame al **800.621.1008** o visite **loyolapress.com/LCE**

App LCE

Todo lo que necesitas para ser un líder catequético eficaz

La aplicación LCE pone teoría y práctica al alcance de tu mano. Partiendo directamente de los seis libros de la serie **El líder catequético eficaz,** la aplicación LCE brinda a los líderes catequéticos la oportunidad diaria de centrarse espiritualmente, enfocarse en asuntos pastorales específicos e identificar estrategias prácticas para asumir los desafíos de servir como líder catequético eficaz.

Características:

- Más de 40 reflexiones guiadas que se ajustan a tus necesidades individuales en el ministerio pastoral.
- Conveniente y accesible en cualquier lugar usando tu teléfono o tableta.
- Diseño moderno, interfaz fácil de usar y una fuente de calma en medio de la atareada agenda del líder catequético.

Para obtener más información y descargar la aplicación, visita **www.loyolapress.com/LCE**